TRAINING

Gymnasium

Deutsch – Fit für die Oberstufe

Stephanie Rebbe-Gnädinger

STARK

© 2021 STARK Verlag GmbH, Claudius-Keller-Str. 3c, 81669 München, info@stark-verlag.de
www.stark-verlag.de

Inhalt

Autorin: Stephanie Rebbe-Gnädinger

Vorwort

Liebe Schülerin, lieber Schüler,

dieses Trainingsbuch bietet in fünf Kapiteln eine **Einführung und Übersicht zu den wichtigsten schriftlichen Aufgabenformaten**, die Sie am Ende der Mittelstufe im Fach Deutsch beherrschen sollten, um die Oberstufe und die Abiturprüfung erfolgreich meistern zu können.

Neben **verständlichen Erläuterungen**, die Sie **Schritt für Schritt** an das jeweilige Aufgabenformat heranführen, finden Sie **Übungsaufgaben**, die Sie anleiten, bei der Analyse und Interpretation literarischer Texte, bei der Analyse und Erörterung pragmatischer Texte, sowie beim Materialgestützten Schreiben **systematisch und zielorientiert** vorzugehen. Die Übungsaufgaben führen Sie beispielhaft in die Aufgabenformate ein und sind problemlos auf andere Kontexte übertragbar. Ihre Ergebnisse können Sie im **Lösungskapitel** eigenständig überprüfen.

Zusätzlich erhalten Sie Tipps für **geschicktes Formulieren** sowie Hinweise zu wichtigen Basiskompetenzen im Bereich der **Rechtschreibung, Zeichensetzung und Grammatik**. Die sogenannten Wortspeicher helfen Ihnen dabei, Ihre Wortwahl passend und abwechslungsreich zu gestalten.

Die Erläuterungen in den Kapiteln fassen alle wesentlichen Aspekte übersichtlich zusammen. Besonders wichtige Inhalte und Begriffe werden farbig hervorgehoben. **Infokästen** erklären das jeweils nötige **Fachvokabular** und liefern Ihnen **zusätzliche Hintergrundinformationen**.

Checklisten am Ende der Kapitel 1, 4 und 5 ermöglichen Ihnen eine schnelle Überprüfung des Gelernten und helfen Ihnen dabei, Ihre eigenen Texte gewinnbringend zu überarbeiten.

Das Buch müssen Sie nicht in der Reihenfolge der Kapitel durcharbeiten, da jedes Kapitel seinen eigenen Schwerpunkt hat. Sie entscheiden selbst, welche Kompetenzen Sie sichern wollen. Innerhalb der Kapitel sollten Sie allerdings dem vorgeschlagenen Ablauf folgen, da die darin enthaltenen **Arbeitsschritte prozessorientiert angelegt** sind.

Im Anhang finden Sie eine **Übersicht zu den häufigsten Stilmitteln** samt Beispielen, die wichtigsten **Regeln für korrektes Zitieren**, sowie eine ausführliche **Liste mit den grundlegenden Operatoren**.

Deutsch – Fit für die Oberstufe ist für Sie nicht nur ein Trainingsbuch, sondern auch ein hilfreiches Nachschlagewerk, das Sie während Ihrer letzten Schuljahre begleitet und dazu motiviert, **auftretende Wissenslücken und Schreibdefizite aufzuarbeiten**.

Für Ihre Arbeit mit dem Buch wünsche ich Ihnen viel Spaß und Erfolg!

Stephanie Rebbe-Gnädinger

Für Felicia und Linus

Interpretation lyrischer Texte

Die drei großen Gattungen der Literatur sind **Lyrik, Dramatik und Epik.** Literarische Texte werden in der Regel einer dieser Gattungen zugeordnet. Dabei wird der Versuch unternommen, die Texte aufgrund ihrer Gemeinsamkeiten oder auch Besonderheiten zusammenzufassen und voneinander zu unterscheiden. Diese Unterscheidung ist oft nicht eindeutig, da es bei den Texten auch **Mischformen** gibt. Beispielsweise vereint die Ballade in sich Merkmale von allen drei literarischen Gattungen: In ihr wird in Versen, meist mit Reim, erzählt und gleichzeitig gehandelt. Sie ist meist szenisch und mit Dialogen gestaltet.

Der Begriff **Gedicht** bezeichnet zunächst einmal einen **Text in Versen.** Alle Texte, die in diesem Sinne als Gedicht gelten, weisen rhythmische und klangliche Abweichungen von der Alltagsrede auf. Die Zeilen sind an bestimmten, wiederkehrenden Stellen betont, verlangen an anderen Stellen Sprechpausen und oft reimen sie sich. Darüber hinaus lässt sich für Gedichte eine bestimmte **sprachliche Intensität** feststellen, ein bestimmter Ton, der der Aussage Nachdruck verleiht, eine Ausdrucksweise, mit der der Sprecher seine Gefühle offenlegt. Im ersten Kapitel dieses Buches befassen Sie sich mit den Besonderheiten lyrischer Texte. Dabei wiederholen und vertiefen Sie Verfahren und Arbeitstechniken zur Analyse und Interpretation von Gedichten.

Annäherung an das Motiv

Situationen lyrischen Sprechens sind in hohem Maße von Gefühlen bestimmt. Der emotional betroffene Sprecher findet im Gedicht eine seiner Lage angemessene Ausdrucksform. Vier Hauptthemenkreise lassen sich unterscheiden: **Philosophische Lyrik** behandelt grundsätzliche Fragen des Menschen, z. B. „Was ist der Mensch?" oder „Worin liegt das wahre Glück?". Sie umfasst ebenso religiöse Themen. Zur **Naturlyrik** zählen Gedichte, in denen Naturphänomene geschildert werden und die Natur oft als Mittel zur Darstellung der Gefühle des Sprechers dient. **Politische Lyrik** will politisch-soziale Zusammenhänge reflektieren, teilweise auch beeinflussen und verändern. **Liebeslyrik** thematisiert die Erfahrungen von Liebessehnsucht, Liebesleid und Liebeserfüllung. Beliebtheit und Verbreitung der Liebeslyrik sind grundsätzlich darauf zurückzuführen, dass die Liebe ein Phänomen ist, das in seiner Ursprünglichkeit für alle Menschen erfahrbar ist. Die in diesem Kapitel zu untersuchenden Gedichte von Johann Wolfgang von Goethe und Bertolt Brecht gehören zur Liebeslyrik.

Bevor Sie die Gedichte analysieren und interpretieren, nähern Sie sich durch die Beschäftigung mit einem Panel (Einzelbild eines Comics) von Scott McCloud und verschiedenen Zitaten zunächst auf assoziative Weise dem Thema „Liebe".

1 Beschreiben Sie die beiden Figuren in dem folgenden Panel aus der Graphic Novel *Der Bildhauer* (2015) von Scott McCloud. Versetzen Sie sich in die Figuren: Was könnten sie denken, empfinden, wünschen?

2 Welches der folgenden Zitate passt Ihrer Meinung nach am besten zu der Begegnung zwischen der jungen Frau und dem jungen Mann? Geben Sie die Aussage des von Ihnen gewählten Zitats in eigenen Worten wieder und verdeutlichen Sie den inhaltlichen Zusammenhang zum Panel.

Für die Welt bist du irgendjemand,
für irgendjemand bist du die Welt.
(Erich Fried)

Das Schönste, was wir erleben können,
ist das Geheimnisvolle.
(Albert Einstein)

Liebe ist kein Solo. Liebe ist ein Duett.
Schwindet sie bei einem, verstummt das Lied.
(Adelbert von Chamisso)

Es muss von Herzen kommen,
was auf Herzen wirken soll.
(Johann Wolfgang von Goethe)

Der Kuss ist ein liebenswerter Trick der Natur,
ein Gespräch zu unterbrechen,
wenn Worte überflüssig werden.
(Ingrid Bergman)

Eine Interpretation vorbereiten und ausarbeiten

Für das Verfassen einer Interpretation werden Informationen über die Beschaffenheit eines Gedichts gesammelt und anhand seiner Eigenschaften sowie in Betrachtung seiner historischen Verankerung Aussagen über seine Bedeutung getroffen. Die Interpretation soll weder eine Nacherzählung des Inhalts noch eine bloße Aufzählung formaler und sprachlicher Besonderheiten sein. Vielmehr soll sich aus der Analyse all dieser Aspekte ein Verständnis des Gedichts ergeben. Um der Forderung nach der Interpretation des Textganzen nachzukommen, ist es sinnvoll, zunächst eine Materialsammlung anzulegen. Schritt für Schritt werden Sie angeleitet, inhaltliche, formale und sprachliche Eigenheiten zu erfassen, die zur Beschreibung des Gedichts nötig sind. Das schriftliche Ausformulieren ist erst der letzte Arbeitsschritt beim Interpretieren.

Arbeitsschritt 1 Erste Eindrücke formulieren

Um ein Gedicht verstehen zu können, muss man es in der Regel mehrmals lesen. Notieren Sie **Auffälligkeiten**, die Sie beim Lesen auf den ersten Blick erkennen. Mögliche Eigenheiten können beispielsweise sein: die Gliederung in **Strophen**, ein auffälliger **Reim**, die Bevorzugung bestimmter **Satzzeichen**, **Wortarten** und **Wortfelder** oder eine wiederholte **Adressatenansprache**. Über welches **Vorwissen** verfügen Sie hinsichtlich des Themas, des Textes, des Autors, der Entstehungszeit usw.?

3 Lesen Sie die Gedichte *Maifest* von Johann Wolfgang von Goethe **(Text 1)** und *Das Frühjahr kommt* von Bertolt Brecht **(Text 2)** und halten Sie Ihre ersten Eindrücke zu Sprache und Form fest.

Text 1 JOHANN WOLFGANG VON GOETHE (1749–1832)
Maifest (1771)

Wie herrlich leuchtet
Mir die Natur!
Wie glänzt die Sonne!
Wie lacht die Flur!

Es dringen Blüten
Aus jedem Zweig
Und tausend Stimmen
Aus dem Gesträuch

Und Freud und Wonne
Aus jeder Brust.
O Erd', o Sonne,
O Glück, o Lust,

O Lieb', o Liebe,
So golden schön
Wie Morgenwolken
Auf jenen Höhn,

Du segnest herrlich
Das frische Feld,
Im Blütendampfe
Die volle Welt!

O Mädchen, Mädchen,
Wie lieb' ich dich!
Wie blinkt dein Auge,
Wie liebst du mich!

So liebt die Lerche
Gesang und Luft,
Und Morgenblumen
Den Himmelsduft,

Wie ich dich liebe
Mit warmem Blut,
Die du mir Jugend
Und Freud' und Mut

Zu neuen Liedern
Und Tänzen gibst.
Sei ewig glücklich,
Wie du mich liebst!

Aus: Der Neue Conrady, Das große deutsche Gedichtbuch, hrsg. von Karl Otto Conrady, Düsseldorf und Zürich 2000, S. 273.

Text 2 BERTOLT BRECHT (1898–1956)
Das Frühjahr kommt (1931)

Das Frühjahr kommt.
Das Spiel der Geschlechter erneuert sich
Die Liebenden finden sich zusammen.
Schon die sacht umfassende Hand des Geliebten
Macht die Brust des Mädchens erschauern.
Ihr flüchtiger Blick verführt ihn.

In neuem Lichte
Erscheint die Landschaft den Liebenden im Frühjahr.
In großer Höhe werden die ersten
Schwärme der Vögel gesichtet.
Die Luft ist schon warm.
Die Tage werden lang und die
Wiesen bleiben lang hell.

Maßlos ist das Wachstum der Bäume und Gräser
Im Frühjahr.
Ohne Unterlaß fruchtbar
Ist der Wald, sind die Wiesen, die Felder.
Und es gebiert die Erde das Neue
Ohne Vorsicht.

Aus: Bertolt Brecht: Über Verführung, Erotische Gedichte, Insel Verlag 2000.

Arbeitsschritt 2 Fragen stellen – die Redesituation erfassen

Ihr erster Eindruck bildet möglicherweise schon die Grundlage für Ihre Interpretation. Vielleicht fallen Ihnen bei wiederholtem Lesen **neue und abweichende Eigenheiten** auf, da literarische Texte und damit auch Gedichte grundsätzlich mehrdeutig ausgelegt sind. Lesen Sie die Gedichte ein zweites Mal und ergänzen Sie Ihre Notizen mithilfe der folgenden Fragen:

- Was stört Sie am Text? Was kommt Ihnen merkwürdig vor?
- Wo sperrt sich der Text gegen ein unmittelbares Verstehen?
- Wie lautet der Gedichttitel? Welches Thema gibt er vor? Welche Erwartungshaltung weckt er?
- Erfüllt sich diese Erwartung an den Titel oder steht der Titel im Kontrast zum Gedicht? Taucht der Titel im Gedicht wörtlich wieder auf?
- Wer spricht im Gedicht? Wovon wird genau gesprochen? Welche Aspekte werden im Einzelnen thematisiert?

INFO

Sprecher im Gedicht, lyrisches Ich, lyrisches Du

Grundsätzlich ist zwischen dem **Sprecher im Gedicht** und dem **Autor des Gedichts** zu unterscheiden. Alle dargestellten Empfindungen, Wahrnehmungen oder Gedanken im Gedicht können mit denen des Autors übereinstimmen – sie können aber auch von diesen abweichen.

Der Sprecher im Gedicht kann explizit in der ersten Person Singular in Erscheinung treten, dann ist das Gedicht in der Ich-Form geschrieben (explizites **lyrisches Ich**). Das lyrische Ich charakterisiert sich durch das Sprechen. Es kann männlich oder weiblich sein.

Der Sprecher kann aber auch in einer größeren **Menge** aufgehen, dann wird die erste Person Plural gewählt (**„wir“**).

Bisweilen tritt nur ein **lyrisches Du** auf, das von einem nicht im Gedicht unmittelbar erscheinenden Sprecher angesprochen wird (= implizites lyrisches Ich). Manchmal ist der Sprecher im Gedicht nicht direkt greifbar. In diesem Fall muss man seinen Standpunkt vom Gesagten aus ableiten.

In einem **Rollengedicht** werden Erlebnisse, Gefühle und Gedanken einem – vom Autor deutlich unterschiedenen, oft in einer bestimmten Rolle typisierten – Sprecher (oder mehreren Sprechern) in den Mund gelegt.

Der Sprecher im Gedicht/das lyrische Ich kann unterschiedliche **Standorte** einnehmen, z. B. innerhalb oder außerhalb des Geschehens.

Der Sprecher im Gedicht/das lyrische Ich spricht aus einer spezifischen **Haltung** heraus, z. B. traurig, glücklich, nachdenklich, sachlich, distanziert, ironisch usw.

4 Entscheiden Sie, ob die jeweilige Aussage für **Text 1**, für **Text 2** oder für beide Gedichte gilt. Kreuzen Sie entsprechend an.

	Goethe	Brecht
a) Das lyrische Ich tritt explizit im Gedicht auf und spricht ein Gegenüber an.	☐	☐
b) Natur und Liebe werden von einem Sprecher im Gedicht sachlich-nüchtern beschrieben.	☐	☐
c) Das lyrische Ich gibt sich indirekt durch die Beschreibung und Wertung der Naturvorgänge zu erkennen.	☐	☐
d) Das lyrische Ich preist euphorisch die Schönheit der Natur und der Liebe.	☐	☐
e) Es liegt ein Rollengedicht vor.	☐	☐
f) Es handelt sich um ein Naturgedicht.	☐	☐
g) Es handelt sich um ein Liebesgedicht.	☐	☐

Arbeitsschritt 3 Lyrische Texte gliedern

Anschließend sollten Sie sich einen genauen Überblick über den **Inhalt** des Gedichts verschaffen und den Text nach inhaltlichen Gesichtspunkten einteilen. Die Strophengliederung kann, muss aber nicht mit der inhaltlichen Gliederung des Gedichts übereinstimmen. Manchmal lassen sich mehrere Strophen zu größeren Sinneinheiten zusammenfassen. In einem Gedicht besteht ein inhaltlicher Abschnitt meist aus einem einzelnen **Handlungs-** oder **Argumentationsschritt** oder aus einem klar zusammenhängenden **Gedanken**. Es ist hilfreich, wenn Sie dann in einem zweiten Schritt den von Ihnen ermittelten Abschnitten **kurze, aussagekräftige Überschriften** im Nominalstil geben.

Nehmen Sie sich für die Untersuchung eines Textes viel Zeit: Je genauer Sie den Text im Vorhinein analysieren, desto bessere Grundlagen haben Sie für Ihre spätere Interpretation!

5 Ordnen Sie den Abschnittsüberschriften die entsprechenden Verse des jeweiligen Gedichts zu (z. B. V. 1–9).

Johann Wolfgang von Goethe: Maifest

1 Enthusiastische Freude des lyrischen Ichs über die frühlingshafte Natur ____________

2 Allgemeine Anrufung der Liebe und Gleichsetzung ihrer Schönheit mit der Natur ____________

3 Anrufung der Geliebten, Beteuerung gegenseitiger Liebe und Glücklichpreisung der Geliebten als Quelle der Inspiration ____________

Bertolt Brecht: Das Frühjahr kommt

1 Stets wiederkehrendes Zusammenfinden der Liebenden im Frühjahr ____________

2 Feststellen der Erneuerung der Natur im Frühjahr anhand von Einzelbeobachtungen durch die Liebenden ____________

3 Maßlosigkeit, Fruchtbarkeit und Zwangsläufigkeit als Merkmale der Erneuerung der Natur (ohne Einflussnahme des Menschen) ____________

Arbeitsschritt 4 Die formale Gestaltung der Gedichte untersuchen

Strophen bestehen aus mehreren metrisch gleich gebauten Versen. Bei wechselnder Versanzahl und bei Abschnitten ohne festes metrisches Schema spricht man nicht von Strophen, sondern von **Versgruppen**.

Es gibt **Strophenformen** mit einem eigenen Namen. Diese gehen häufig auf eine bestimmte **Tradition** zurück, die sich in der deutschsprachigen Dichtung herausgebildet hat oder einer fremdsprachigen entstammt. Es kann bei einer Interpretation lohnend sein, zu prüfen, inwiefern die zugrunde gelegte Strophenform erweitert oder verändert wurde, beispielsweise durch Abwandlungen in **Versmaß**, **Reim** oder **Kadenz**, und inwieweit die formale Besonderheit auch eine inhaltliche Bedeutung hat.

Unterbrechungen des Versflusses durch **Zäsuren** – das sind (meist) syntaktisch bedingte Pausen im Versinneren – eignen sich beispielsweise, um Gegensätze anzuzeigen oder inhaltliche Aspekte zu betonen.

INFO

Vers, Strophe, Metrum, Kadenz, Zeilenstil, Enjambement, Rhythmus, Klang, Reim

Vers: die Zeile in einem Gedicht

Strophe: eine regelmäßig gebaute Gruppe von Versen, die sich der Bauform nach im Gedicht wiederholt

Metrum: das Versmaß eines Gedichts, das den Wechsel von betonten Silben (Hebungen: x́) und unbetonten Silben (Senkungen: x) bezeichnet: Jambus xx́, Trochäus x́x, Daktylus x́xx, Anapäst xxx́. Das Metrum richtet sich nach der natürlichen Betonung der deutschen Wörter

Kadenz: die metrische Form des Versschlusses; männliche (stumpfe) Kadenz: Vers endet auf einer Hebung; weibliche (klingende) Kadenz: Vers endet auf einer Senkung, eine Hebung geht voran

Zeilenstil: syntaktische Gliederung und Gliederung in Verse fallen zusammen; beim strengen Zeilenstil umfasst jeder Vers einen Satz

Enjambement (Zeilensprung): liegt vor, wenn der Satz über das Versende hinausgeht; der gedankliche Zusammenhang der Verse wird verstärkt

Klang: Gedichte und Strophen können einen einheitlichen oder einen unterschiedlichen Klangcharakter haben. Helle Vokale (e, i, ei, ü) vermitteln meist eine heitere Stimmung, dunkle Vokale (a, o, u, au) oft eine düstere Stimmung

Rhythmus: Betonungen, Sprechpausen und Sprechtempo bestimmen den Rhythmus eines Gedichts; der Rhythmus gibt Aufschluss über den Inhalt z. B. durch das Verbinden bestimmter Worte oder das Hervorheben eines syntaktischen Einschnitts; mögliche Eigenschaften des Rhythmus sind z. B. ruhig, drängend, tänzelnd, schwer, leicht, fließend, stockend

Reim: Gleichklang aller Laute zweier (oder mehrerer) Wörter vom letzten betonten Vokal an

Endreim: Reime, die das Versende auszeichnen und dadurch Klangkorrespondenzen zwischen mindestens zwei Versen erzeugen, wie **Paarreim:** aabb; **Kreuzreim:** abab; **umarmender/ umschließender Reim:** abba; **Schweifreim:** aabccb

Binnenreim: Reime, deren Reimwörter alle oder zum Teil im Versinneren stehen; sie können Klangkorrespondenzen herstellen zwischen Wörtern eines Verses oder zwischen verschiedenen Versen

reiner Reim: Gleichklang von Wörtern vom letzten betonten Vokal ab

unreiner Reim: unvollständiger Gleichklang von Wörtern vom letzten betonten Vokal ab (z. B. süß – Paradies)

Terzett und Quartett: Strophe aus drei Versen (Terzett) bzw. vier Versen (Quartett); Strophenform im Sonett (klassisches Sonett: zwei Quartette, dann zwei Terzette)

Volksliedstrophe: einfach gebaute Strophe, dreihebiger Jambus mit freier Anzahl der Senkungen zwischen den Hebungen, Wechsel von weiblicher und männlicher Kadenz, meist aus vier Versen bestehend, die durch Kreuzreim (abab) oder durch einen halben Kreuzreim (xaxa) verbunden sind; reimlose Verse erhalten den Buchstaben „x“ und werden als Waise bezeichnet

freie Rhythmen: Verse ohne festes Metrum, ohne Reime und ohne regelmäßige Strophengliederung

6 Untersuchen Sie die formale Gestaltung der Gedichte. Setzen Sie die passenden Begriffe aus dem untenstehenden Wortspeicher in die Lücken ein.

Text 3 Das Gedicht *Maifest* besteht aus neun ________________ mit je vier ________________. Trotz des ________________ wirkenden Aufbaus ist die metrische Struktur des Textes nicht eindeutig zu beschreiben. Zwar liegt fast durchgängig ein zweihebiger ________________ vor, doch lässt sich zum Beispiel der zweite Vers der ersten Strophe als ________________ oder der vierte Vers der zweiten Strophe als ________________ lesen. Diese Unregelmäßigkeiten, die durch zahlreiche ________________ verstärkt werden, veranlassen den Leser, über die ________________ hinweg zu lesen, sodass zwei Kurzzeilen klanglich eine Langzeile bilden. Ein ähnlich freier Umgang mit der Form lässt sich auch bezüglich des ________________ feststellen. Fast durchgängig, mit Ausnahme der zweiten Strophe, reimen sich der zweite und vierte Vers jeder Strophe, während der erste und dritte Vers ________________ sind. In der zweiten Strophe gilt dies nur bei Verwendung einer mundartlichen Aussprache des Wortes „Zweig".

Das Gedicht *Das Frühjahr kommt* besteht aus drei Strophen, wobei die erste und dritte Strophe jeweils ________________ Verse und die zweite Strophe ________________ Verse umfassen. Es liegen ________________, ________________ Verse unterschiedlicher Länge vor. Während in der ersten Strophe ________________ weitgehend übereinstimmen, finden sich in der zweiten und dritten Strophe zahlreiche ________________, die den stets vorwärtsdrängenden Erneuerungsprozess der Natur widerspiegeln.

WORTSPEICHER

Anapäst • Daktylus • Enjambements • Enjambements • Jambus • Kurzstrophen • Kurzzeilen • metrisch ungebundene • reimlose • Reimschemas • sechs • sieben • Versgrenzen • Vers- und Satzstruktur • volksliedhaft • Waisen

Arbeitsschritt 5 Sprache und Stil untersuchen

Gedichte weisen (meist) eine **kunstvoll gestaltete Sprache** auf. Das kann sowohl die Auswahl der Wörter und die Art und Weise, wie diese im jeweiligen Text zusammengefügt wurden, als auch ihre Bedeutung im Kontext des gesamten Gedichts betreffen. Eine Analyse der sprachlich-stilistischen Gestaltung kann entweder in die Analyse des Inhalts integriert oder in einem eigenständigen Abschnitt realisiert werden. Entscheidend ist, dass sie in jedem Fall Bestandteil der Interpretation ist.

Bei der Untersuchung der **Wortwahl** sind folgende Fragen hilfreich:

- Werden bestimmte Wortarten (z. B. Nomen, Verben, Adjektive) bevorzugt?
- Lassen sich Wörter, die sich in ihrer Bedeutung sehr ähnlich sind, zu Wortfeldern zusammenfassen?
- Liegen Konkreta (Singular: Konkretum, bezeichnet etwas Dingliches, sinnlich Wahrnehmbares, z. B. Baum, Mensch) oder Abstrakta (Singular: Abstraktum, bezeichnet nicht dingliche Erscheinungen wie Vorgänge, Eigenschaften, Gefühle, z. B. Liebe, Freundschaft) vor?
- Werden Fremdwörter, Archaismen (veraltete sprachliche Ausdrücke) oder Neologismen (Wortneuschöpfungen) verwendet?

Bei der Untersuchung der **Syntax** fragen Sie:

- Werden bestimmte Satzarten bevorzugt, z. B. Aussagesätze, Fragesätze, Aufforderungssätze, Ausrufesätze?
- Welche Satzformen gibt es, z. B. einfache Sätze, zusammengesetzte Sätze, Ellipsen (unvollständige Sätze), Parataxen (Nebenordnung von Sätzen) oder Hypotaxen (Unterordnung von Sätzen)?

Beachten Sie auch **rhetorische Figuren**, deren Wirkungsbereiche auf der Ebene des Satzes liegen, z. B. Chiasmus, Inversion, Parallelismus, Parenthese (siehe Anhang, S. 157 ff.). In allen Epochen wurden rhetorische Figuren in der Lyrik eingesetzt. Wichtig für die Gedichtinterpretation ist, dass Sie die Figuren erkennen und ihre **Wirkung im Text** beschreiben können. Beachten Sie, dass die Figuren auch miteinander verflochten sein können: Eine Antithese kann beispielsweise die Form eines Parallelismus haben.

7 Ordnen Sie den rhetorischen Figuren passende Textbelege aus den Gedichten zu. Fügen Sie die entsprechenden Verse in Klammern an. Überlegen Sie dann, welche Funktion jede diese rhetorischen Figuren im jeweiligen Gedicht hat. Schreiben Sie die Ziffer 1 bis 5 bzw. 3 vor die jeweils passende Funktion.

Johann Wolfgang von Goethe: Maifest

Rhetorische Figuren	Textbelege
1) Personifikation	
2) Fülle an Nomen bzw. Substantiven, Verben, Adjektiven	
3) Ausrufe, Ellipsen, Interjektionen	
4) Parallelismus, Anapher, Wiederholung	
5) Neologismus und Synästhesie	

Funktion:

- Veranschaulichen der sinnlichen Eindrücke in der frühlingshaften Natur
- Unterstreichen der aktiven Rolle der Liebe als Göttin und als Wohltäterin der Welt
- Zusammenfügen vielfacher Sinneseindrücke, Verdichtung der Atmosphäre und Betonen der Ganzheitlichkeit der Naturerfahrung
- Steigerung des Ausmaßes der Empfindungen der Liebenden füreinander
- Verdeutlichen der Begeisterung des lyrischen Ichs über die Natur und die Geliebte

Bertolt Brecht: Das Frühjahr kommt

Rhetorische Figuren	Textbelege
1) Alliterationen und Assonanzen	
2) Parallelismen, Inversionen, Akkumulationen	
3) Synekdoche (pars pro toto)	

Funktion:

- unpersönliche Darstellung des Liebesspiels
- Verdeutlichen der Einheit des Erneuerungsprozesses bei Mensch und Natur
- Betonen der Veränderung in der Natur nach unabänderlichen Gesetzen

Arbeitsschritt 6 Motive erarbeiten und Gedichte vergleichen

Um zwei Gedichte sinnvoll miteinander in Beziehung setzen zu können, bedarf es einer Anzahl von **Gemeinsamkeiten**, die einen Vergleich überhaupt erst erlauben. Gedichte können vergleichbar sein in der **Thematik** oder zentralen **Motivik**, in der **Welt- und Menschendarstellung**, in der **formalen Gestaltung** oder aufgrund ihrer Zugehörigkeit zu derselben **Epoche**.

Eine Vorgehensweise beim Gedichtvergleich ist es, **beide Texte zunächst gesondert** zu untersuchen. In einem dritten Schritt werden sie miteinander verglichen. Diese Methode birgt das Risiko, dass es zwangsläufig zu Wiederholungen kommt, da beim abschließenden Vergleich mehrfach auf Ergebnisse aus den Einzelanalysen Bezug genommen wird.

Eine andere Vorgehensweise sieht vor, das ältere Gedicht systematisch zu untersuchen und das zweite nicht ausführlich für sich zu betrachten, sondern **immer in Bezug zum ersten**. Ein abschließender Teil hebt noch einmal vertiefend die zentralen Aspekte hervor. Der Vorteil hierbei ist, dass nur die für den Vergleich relevanten Ergebnisse benannt werden.

8 Vergleichen Sie Johann Wolfgang von Goethes *Maifest* und Bertolt Brechts *Das Frühjahr kommt*: Halten Sie Gemeinsamkeiten und Unterschiede fest.

Gemeinsamkeiten	Unterschiede

Arbeitsschritt 7 Die Gedichte historisch einordnen

Bei der historischen Einordnung eines Gedichts helfen Ihnen die **Entstehungszeit des Textes** und die **Lebensdaten des Autors**. Diese Angaben ermöglichen zumindest eine grobe Epocheneinordnung, zu der auch die Klärung des in dieser Zeit vorherrschenden Welt-, Menschen- und Dichtungsverständnisses gehört; zu diesen Aspekten sollten Sie das Gedicht in Verhältnis setzen. Dadurch vermeiden Sie, das Gedicht und seine Eigenheiten lediglich aus heutiger Sicht zu betrachten und zu beurteilen.

Das Gedicht *Maifest* hat Johann Wolfgang von Goethe seiner großen Liebe Friederike Brion gewidmet. Er lernte die Tochter des Pfarrers in Sesenheim während seines Studiums in Straßburg kennen und widmete ihr eine Reihe von Gedichten, die unter dem Namen *Sesenheimer Lieder* bekannt sind. Der **Gefühlsüberschwang** in Goethes Gedicht ist jedoch nicht allein autobiografisch zu deuten, sondern als Zeichen und Ausdruck eines lyrischen Ichs, dessen Bedürfnis es war, sich selbst zu erkennen, intensiv zu leben und zu fühlen. Dieses **Bekenntnis zum Gefühl als Ausdruck des Eigenen** ist kennzeichnend für die literaturgeschichtliche Epoche des „Sturm und Drang".

Bertolt Brecht zählt zu den Autoren der Neuen Sachlichkeit: Diese Bezeichnung geht auf eine Ausstellung aus dem Jahr 1925 zurück, die Bilder von „greifbarer Wirklichkeit" präsentierte. Als Orientierungspunkte galten die **Authentizität der Darstellung** sowie die Realität des Alltags der breiten Masse. Dies forderte von den Autoren eine **genaue Beobachtung der sie umgebenden Wirklichkeit**.

Max Beckmann: Vor dem Maskenball (1922). Der für die Neue Sachlichkeit typische entlarvende Blick auf die Realität offenbart hier die Traurigkeit und Verlorenheit der Menschen.

Arbeitsschritt 8 Eine Interpretationsthese und das Fazit formulieren

Nachdem Sie sich eingehend mit den beiden Gedichten *Maifest* und *Das Frühjahr kommt* befasst haben, sind Sie in der Lage, eine Interpretationsthese zu formulieren. In dieser arbeiten Sie heraus, worum es in den Texten im Allgemeinen geht. Beim Benennen des Themas sollte ein konkreter Zusammenhang zum Inhalt erkennbar sein. Sie können dabei ebenso Besonderheiten oder **Gegensätze** hervorheben. Im Fazit fassen Sie die wesentlichen Ergebnisse nochmals knapp zusammen und zeigen ggf. Bezüge zum literatur- oder zeitgeschichtlichen Hintergrund der Gedichte auf. Das Fazit bildet den letzten Abschnitt in Ihrer Interpretation vor dem Schluss.

Es gibt zwei Möglichkeiten, die Interpretationsthese in Ihren Aufsatz zu integrieren: Zum einen können Sie die These an den **Beginn des Hauptteils** stellen. Dies hat den Vorteil, dass Sie sich selbst und auch dem Leser Ihrer Interpretation gleich am Anfang klarmachen, worum es Ihnen in Ihren Ausführungen geht. Zum anderen kann die Interpretationsthese auch am **Ende Ihres Hauptteils** stehen, sodass diese sich schlüssig aus dem Hauptteil ergibt.

9 Formulieren Sie zu Goethes *Maifest* und zu Brechts *Das Frühjahr kommt* jeweils eine knappe Interpretationsthese. Verfassen Sie anschließend ein Fazit. Nutzen Sie dazu auch die Informationen aus dem Arbeitsschritt 7.

Arbeitsschritt 9 Einleitung und Schluss der Interpretation ausformulieren

Für die Einleitung hat sich folgendes Schema bewährt: zuerst ein **Eyecatcher**, also ein Blickfang, der hinsichtlich des Themas oder der Motivik zum Gedicht bzw. zu den Gedichten passt, dann die **Überleitung zur Themafrage** und schließlich die **Themafrage** selbst, in der Sie die Aufgabenstellung aufgreifen und den inhaltlichen Schwerpunkt des Vergleichs benennen. Achten Sie darauf, in der Einleitung keine Aussagen aus dem Hauptteil vorwegzunehmen. Der Schluss sollte durch eine geeignete **Überleitung** mit dem Hauptteil verzahnt werden, um Brüche im Argumentationsaufbau zu vermeiden. Anschließend können Sie im Sinne einer Rahmung variierend oder ergänzend **Bezug auf den Einleitungsgedanken** nehmen. Ebenfalls möglich ist die Ausführung eines weiterführenden Gedankens, der Hinweis auf ein vergleichbares Werk aus der Filmkunst oder der Literatur oder auch der Bezug der lyrischen Texte zur Gegenwart. Achten Sie auf eine **Abrundung** Ihrer Ausführungen.

10 Formulieren Sie eine Einleitung und einen Schluss für einen Gedichtvergleich zwischen Goethes *Maifest* und Brechts *Das Frühjahr kommt*.

Übungen zu Grammatik, Rechtschreibung und Zeichensetzung

Kenntnisse über die verschiedenen Wortarten sind kein Selbstzweck, sondern dienen der Identifizierung, präzisen Benennung und Beschreibung sprachlich-stilistischer Merkmale eines Textes in einer Interpretation und schaffen Distanz zum Text. Mithilfe der grammatischen Begriffe werden Textzitate geschickt eingeführt und klassifiziert, z. B. in der Sprachanalyse zu dem Gedicht *Maifest* von Goethe: Interjektionen, wie „O Erd', o Sonne!“ (V. 11), bringen die Leidenschaft und innere Erregung des Sprechers zum Ausdruck.

INFO

Wortarten

Es gibt flektierbare (= veränderbare) und unflektierbare (unveränderte) Wörter.

Zu den **flektierbaren** Wörtern gehören Artikel, Nomen (= Substantive), Pronomen, **Adjektive** und Verben.

Pronomen sind „Fürwörter“, sie sind Stellvertreter oder Begleiter des Nomens.

- Personalpronomen: ich, du, er, sie, es, wir, ihr, sie …
- Reflexivpronomen: mich, mir, dich, dir, sich, uns, euch …
- Demonstrativpronomen: der, die, das, dieser, diese, dieses, jener, jene, jenes …
- Possessivpronomen: mein, dein, sein, ihr, unser, euer, ihr …
- Interrogativpronomen: wer?, was?, welche? …
- Relativpronomen: der, die, das, welcher, wer, was …
- Indefinitpronomen: alle, jeder, man, manche, etwas, nichts …

Zu den **unflektierbaren** Wörtern gehören Adverbien, Konjunktionen, Präpositionen und Interjektionen.

Adverbien präzisieren das Verb, z. B.:

- Temporaladverbien: sofort, seither, jetzt, immer, bisweilen, manchmal, oft …
- Lokaladverbien: hier, dort, unten, drinnen, nirgends, vorwärts, hinein …
- Modaladverbien: sehr, kaum, nur, fast, ebenfalls, überaus, sonst …
- Kausaladverbien: darum, deshalb, folglich, also, trotzdem, dennoch, hierzu …

Konjunktionen bzw. Subjunktionen sind Bindewörter; sie verbinden gleichrangige Wörter, Wortgruppen und Sätze (= nebenordnende Konjunktionen) oder Gliedsätze mit dem übergeordneten Satz (= unterordnende Konjunktionen): und, nachdem, weil …

Präpositionen klären durch ihre Stellung vor einem Nomen **lokale** (auf, neben, in, hinter …), **temporale** (seit, vor, nach …), **kausale** (wegen, trotz, dank …) und **modale** (mit, gegen, auf, ohne …) Zusammenhänge. Präpositionen verlangen jeweils einen bestimmten Kasus, z. B. Genitiv, Dativ oder Akkusativ.

Interjektionen sind Ausrufe, mit denen Empfindungen ausgedrückt werden:
Ah!, Oh!, Ach!, Hey!, Igitt! …

11 Bestimmen Sie die Wortarten in dem folgenden Text.

Text 4 1928 schrieb Bertolt Brecht das Gedicht *Singende Steyrwägen*. Das trug **ihm** (1) ein Auto der Firma Steyr zur **freien** (2) Benutzung ein, das er **fortan** (3) zu Werbezwecken fuhr. **Sein** (4) Werbespruch lautete: „Ein Auto, **das** (5) in der Kurve klebt.“ Als **allerdings** (6) in einer scharfen Kurve der Steyrwagen nicht so klebte, wie er sollte, **verwandelte** (7) **er** (8) sich in einen Schrotthaufen. Wie durch ein Wunder war Brecht **nichts** (9) passiert. **Aber** (10) er rief **umgehend** (11) nach einem Fotografen, ließ sich **vor** (12) dem **Autowrack** (13) ablichten und sandte das Foto mit einem neuen Werbespruch an Steyr. Der lautete: „Ein Auto, **in** (14) dem **man** (15) überlebt.“ Brecht erhielt umgehend einen neuen Wagen.

Aus: Rainer Schmitz: Was geschah mit Schillers Schädel. Alles, was Sie über Literatur nicht wissen. Eichborn Verlag, Frankfurt am Main 2006, S. 1624.

(1) ______________	(2) ______________	(3) ______________
(4) ______________	(5) ______________	(6) ______________
(7) ______________	(8) ______________	(9) ______________
(10) ______________	(11) ______________	(12) ______________
(13) ______________	(14) ______________	(15) ______________

Ein Auto der Marke „Steyr“ aus dem Jahr 1931.

INFO

Groß- und Kleinschreibung

Nominalisierungen

- Verben, Adjektive, Partizipien und andere Wörter können als Nomen gebraucht werden. Sie werden dann großgeschrieben. Nominalisierte Wörter können häufig an denselben **Signalwörtern** erkannt werden wie Nomen, z. B. an einem vorausgehenden **Artikel** („lieben" – „das Lieben"), an einer vorausgehenden **Präposition**, die auch mit einem Artikel verschmolzen sein kann („gut" – „im Guten"), an einem vorangestellten **Pronomen** („leuchten" – „dieses Leuchten"; „schön" – „viel Schönes"). In Verbindung mit den Indefinitpronomen „etwas", „alles", „nichts", „einige", „kein", „viel", „wenig", „allerlei", „ein paar", „genug", „manches" werden Verben und Adjektive großgeschrieben.
- Nicht immer werden nominalisierte Wörter durch Signalwörter angekündigt. Wenn ein Signalwort ergänzt werden könnte, wird das Wort großgeschrieben, z. B. „(Das) Dichten und (das) Lieben bilden eine Einheit."
- Nominalisierungen, die aus zwei Wörtern zusammengesetzt sind, werden zusammengeschrieben, z. B. „das Radfahren".

Schreibung von Zahlwörtern

- Zahlwörter, die Nomen sind oder als Nomen verwendet werden (Nominalisierung), schreibt man groß, z. B. „die Million", „der Zehnte", „zum Zweiten".
- Zahlwörter, die Adjektive oder Adverbien sind, schreibt man klein, z. B. „sechs Monate" (Adjektiv); „sie hat zweimal angerufen" (Adverb).
- Die Zahlwörter „hundert", „tausend" oder „Dutzend" können groß- oder kleingeschrieben werden, wenn mit ihnen unbestimmte, nicht in Ziffern auszudrückende Mengen angegeben werden, z. B. „Einige Tausend/tausend Zuschauer kamen."

Schreibung von Zeitangaben

- Zeitangaben, die Nomen sind, werden großgeschrieben. Man kann sie häufig an den Signalwörtern erkennen: an einem vorausgehenden Artikel: „der Montag", „ein Sonntag"; an einer vorangestellten Präposition (mit Artikel): „am Abend"; an einem vorangestellten Adjektiv (oft mit Artikel) oder Partizip: „an einem schönen Morgen", „kommenden Freitag"; an einem vorangestellten Pronomen oder einer Mengenangabe: „jeden Morgen", „dieser Abend", „drei Sonntage".
- Zeitangaben, die Adverbien oder Adjektive sind, werden kleingeschrieben, z. B. „früher", „später", „stündlich", „gestern", „morgen". Adverbien, die Tageszeiten oder Wochentage bezeichnen, erkennt man an der Endung -s, z. B. „mittags" oder „sonntags".
- Bei kombinierten Zeitangaben schreibt man die Adverbien oder Adjektive klein und die Nomen groß, z. B. „heute Nachmittag".

Schreibung von Herkunftsbezeichnungen

- Die von geografischen Namen abgeleiteten Herkunftsbezeichnungen mit dem Suffix „-er" schreibt man groß, z. B. „Hamburger Hafen", „Münchner Olympiastadion".
- Die von geografischen Namen und Personennamen abgeleiteten Adjektive auf „(i)sch" werden kleingeschrieben, z. B. „indischer Tee", „bay(e)risches Bier". Ausnahme: Wenn die Adjektive auf „(i)sch" Teil eines Eigennamens sind, werden sie großgeschrieben, z. B. „der Bay(e)rische Wald", der „Indische Ozean".

12 Markieren Sie in Text 5 alle Wörter, die großgeschrieben werden müssen.

Text 5 B. Brecht: Über reimlose Lyrik mit unregelmäßigen Rhythmen (1938)

mitunter wurde mir, wenn ich reimlose lyrik veröffentlichte, die frage gestellt, wie ich dazu käme, so was als lyrik auszugeben. [...] die frage ist berechtigt, weil die lyrik, wenn sie schon auf den reim verzichtet, doch gewohntermaßen wenigstens einen festen rhythmus bietet. viele meiner lyrischen arbeiten zeigen weder reim noch regelmäßigen festen rhythmus. [...] man muß die zeit bedenken, in der ich schrieb. der weltkrieg war eben vorüber. er hatte die ungeheuren sozialen spannungen, die ihn verursacht hatten, nicht gelöst. mein politisches wissen war damals beschämend gering; jedoch war ich mir großer unstimmigkeiten im leben der menschen bewußt, und ich hielt es nicht für meine aufgabe, all die disharmonien[1] und interferenzen[2], die ich stark empfand, formal zu neutralisieren. ich fing sie mehr oder weniger naiv in die vorgänge meiner dramen und in die verse meiner gedichte ein. und das, lange bevor ich ihren eigentlichen charakter und ihre ursachen erkannte. es handelte sich, wie man aus den texten sehen kann, nicht nur um ein „gegen-den-strom-schwimmen" in formaler hinsicht, einen protest gegen die glätte und harmonie des konventionellen[3] verses, sondern immer doch schon um den versuch, die vorgänge zwischen den menschen als widerspruchsvolle, kampfdurchtobte, gewalttätige zu zeigen. [...]

Aus: Bertolt Brecht, Werke. Große kommentierte Berliner und Frankfurter Ausgabe, Band 22: Schriften 2, Aufbau Verlag Berlin 1993.

Worterklärungen

1: *Disharmonien (Z. 10)*: Uneinigkeit, Missstimmung
2: *Interferenz (Z. 10)*: Überlagerung, Überschneidung
3: *konventionell (Z. 15)*: herkömmlich, überliefert

INFO

Kommasetzung

bei Satzreihen

Eine Satzreihe besteht aus aneinandergereihten Hauptsätzen.

- Sie werden durch Komma voneinander getrennt, z. B.: „In Frühlingsgedichten lodern Liebesgefühle auf, in Wintergedichten wird oft das Ersterben von Gefühlen abgebildet."
- Hauptsätze werden oft durch **nebenordnende Konjunktionen** (z. B. „aber", „sondern", „doch", „jedoch") verbunden, z. B.: „Die Erneuerung der Landschaft im Frühling bewirkt keine persönliche Veränderung, sondern es wiederholt sich Altbekanntes nach unveränderlichen Gesetzen."
- Das Komma kann entfallen, wenn die Hauptsätze durch die Konjunktionen „und", „oder", „entweder…oder", „weder…noch" verbunden sind.

bei Satzgefügen

Satzgefüge sind Sätze, die aus mindestens einem Hauptsatz und einem Nebensatz zusammengesetzt sind. Der Nebensatz ist dem Hauptsatz untergeordnet und wird durch ein Komma vom Hauptsatz getrennt. Nebensätze werden oft mit **unterordnenden Konjunktionen** (z. B. „als", „während", „weil", „da", „dass", „sodass", „obwohl", „nachdem") eingeleitet, z. B.: „Während in der ersten Strophe Vers- und Satzstruktur übereinstimmen, überwiegen in der zweiten und dritten Strophe die Enjambements."

bei Infinitivsätzen

Ein Infinitivsatz, der aus einem **Infinitiv mit „zu" und mindestens einem weiteren Wort** besteht, wird durch Komma abgetrennt,

- wenn der Infinitivsatz durch ein „um", „ohne", „statt", „anstatt", „außer", „als" eingeleitet wird;
- wenn der Infinitivsatz **von einem Nomen abhängt**;
- wenn durch ein **hinweisendes Wort** wie „daran", „darauf", „dazu" oder „es" auf den Infinitivsatz Bezug genommen wird, z. B.: „Das lyrische Ich freut sich darauf, der Geliebten zu begegnen."

In anderen Fällen ist das Komma freigestellt. Es empfiehlt sich, das Komma immer zu setzen, weil es die Gliederung des Satzes verdeutlicht.

bei Partizipialsätzen

Ein Partizipialsatz muss normalerweise nicht durch ein Komma vom übergeordneten Satz getrennt werden. Ein Komma kann gesetzt werden, wenn der Partizipialsatz als Zusatz gekennzeichnet werden soll. Ein Komma muss stehen,

- wenn durch ein **hinweisendes Wort** auf den Partizipialsatz Bezug genommen wird, z. B. mit „so": „Überschwänglich sich freuend, so zeigt sich das lyrische Ich."
- wenn der Partizipialsatz als **Einschub** die gewöhnliche Satzstellung unterbricht, z. B.: „Das lyrische Ich, die Natur im Frühling lobpreisend, vergleicht die Liebe mit Morgenwolken und -blumen sowie der Lerche."
- wenn der Partizipialsatz einen **Nachtrag** darstellt, z. B.: „Das lyrische Ich verweilt in der Natur, sich sehnend nach der Geliebten."

13 Setzen Sie die notwendigen Kommas in Text 6 ein.

Text 6 Goethe kam mit Weyland an einem heiteren Sommertag in Sesenheim an als armer Theologiestudent verkleidet. Er liebte die Maskerade[1] das Inkognito[2] das Versteckspiel [...]. Bei den Brions trat er sogar in wechselnder Verkleidung auf zuerst gab er den armen Theologiestudenten. Als er nach dem gemeinsamen Spaziergang mit Friederike im Mondschein seine Verliebtheit bemerkte floh er am anderen Morgen aus dem Haus und nahm im Nachbardorf die Verkleidung als der Dorfbursche Georg an. Das bewirkte einige zusätzliche Verwirrung. Die Romanze mit Friederike war nun in voller Entwicklung. Pfänderspiele[3] heitere Geselligkeit Spaziergänge schwüle Sommertage und sternfunkelnde Nächte halfen dabei. Die Eltern merkten dass sich da etwas anspann und waren bereit die beiden in so schwebenden Zuständen eine Weile hinwalten[4] zu lassen.

Aus: Rüdiger Safranski: Goethe. Kunstwerk des Lebens. Biographie. Hanser München 2013. S. 92.

Worterklärungen
1: *Maskerade:* Verkleidung
2: *Inkognito:* mit fremdem Namen auftretend
3: *Pfänderspiel:* Gesellschaftsspiel, bei dem jeder Mitspielende, wenn er bzw. sie etwas falsch gemacht hat, ein Pfand hinterlegen muss, das er bzw. sie am Schluss des Spiels nach Erfüllung einer scherzhaften Auflage zurückerhält
4: *hinwalten:* gewähren

Goethe und Friederike Brion, abgebildet auf einer Postkarte

Checkliste zur Überarbeitung der Interpretation eines literarischen Textes

14 Formulieren Sie Ihre Interpretation aus. Überprüfen und überarbeiten Sie sie anschließend mithilfe der folgenden Checkliste:

	Erledigt
Ich habe die Aufgabenstellung verstanden und weiß, welche Handlungsanweisungen die Operatoren geben.	☐
Ich habe eine strukturierte Inhaltsangabe verfasst, die sowohl den Aufbau des Textes als auch den inhaltlichen Verlauf bzw. die Gedankenführung wiedergibt.	☐
Ich habe die Funktion formaler und sprachlicher Besonderheiten im Gesamtgefüge des Textes bestimmt und ihre Bedeutung für den Inhalt beschrieben.	☐
Ich habe geeignete Vergleichskriterien ermittelt und ausgewählte Aspekte differenziert und strukturiert analysiert und gedeutet.	☐
Ich habe meine Ergebnisse den einzelnen Abschnitten präzise zugeordnet und nicht zum Thema passende Ausführungen weggelassen.	☐
Ich habe mein fachliches Wissen zum Thema, Text, Autor, ggf. zur Entstehungszeit und Epoche eingebracht und schlüssig mit den neu gewonnenen Untersuchungsergebnissen verknüpft.	☐
Ich habe sachlich richtig, nachvollziehbar und widerspruchsfrei argumentiert.	☐
Ich habe meinen Text in Einleitung, Hauptteil und Schluss untergliedert und die Struktur durch Absätze optisch markiert.	☐
Ich habe die einzelnen Abschnitte durch verbindende Wörter oder strukturierende Formulierungen logisch miteinander verknüpft und damit die innere Gliederung der Interpretation deutlich gemacht.	☐
Ich habe fach- und gattungsspezifische Begriffe zutreffend verwendet.	☐
Ich habe sachlich, präzise, syntaktisch verständlich und abwechslungsreich formuliert.	☐
Ich habe das Präsens bzw. Perfekt als Tempus der Vorzeitigkeit konsequent eingehalten.	☐
Ich habe korrekt zitiert und Belege geschickt in den eigenen Text integriert.	☐
Ich habe den Text auf Rechtschreibung, Zeichensetzung und Grammatik überprüft.	☐
Ich habe auf eine ansprechende äußere Form geachtet.	☐

Interpretation dramatischer Texte

Im zweiten Kapitel dieses Buches lernen Sie, charakteristische Merkmale dramatischer Texte zu erfassen und zu beschreiben. Auch wenn es in epischen und lyrischen Texten ebenfalls dramatische Gestaltungselemente gibt (z. B. Dialoge), beschäftigen Sie sich hier mit den Besonderheiten der literarischen Gattung **Drama**. Ein Auszug aus dem 1804 uraufgeführten **Schauspiel *Wilhelm Tell* von Friedrich Schiller** dient Ihnen als Textgrundlage für das Anfertigen einer schriftlichen Interpretation.
Durch die vergleichende **Hinzunahme eines Auszugs aus Friedrich Dürrenmatts tragischer Komödie *Der Besuch der alten Dame*** aus dem Jahre 1956 erkennen Sie, dass es Verhaltensweisen und Reaktionsmuster im menschlichen Zusammenleben gibt, die unter unterschiedlichen historisch-gesellschaftlichen Bedingungen gleichermaßen gültig sind.
Wesentlich für das Drama ist die **Darstellung auf der Bühne vor Publikum**. Der Text eines Dramas kann zwar auch nur gelesen werden, seine volle Intensität und Lebendigkeit entfaltet er jedoch erst bei seiner Aufführung im Theater. Sie sollten sich beim Lesen eines Dramas also immer vorstellen, wie eine **mögliche Aufführung des Stücks** aussehen könnte.

Annäherung an das Motiv

Im Drama (griechisch „Handlung“) sind die **Figuren** die direkten und alleinigen **Träger der Handlung,** es fehlt also ein vermittelnder Erzähler. Durch das Aufeinandertreffen gegensätzlicher Interessen, Absichten oder Taten zweier oder mehrerer Figuren – z. B. beim Streit um Besitz, Reichtum, Einfluss oder Macht – entstehen **Konflikte**, die Spannung erzeugen. Dem Zuschauer wird dabei das innere Geschehen (Gedanken und Gefühle) im Unterschied zum äußeren Geschehen besonders in Sprache, Gestik und Mimik verdeutlicht. Hierdurch erschließen sich für ihn die **Motive des Handelns** und somit auch die **Charakterzüge** der Figuren.
In Schillers *Wilhelm Tell* spielt das Motiv der Rache eine zentrale Rolle. Durch die Beschreibung eines Panels aus der Graphic Novel *Die Legende von Wilhelm Tell* (2016) von Nicolas Meylaender (Text) und David Boller (Zeichnungen) sowie durch die Auseinandersetzung mit verschiedenen Sinnsprüchen wählen Sie einen zunächst vom Dramentext unabhängigen Zugang zum Motiv.

1 Beschreiben Sie das Panel aus der Graphic Novel *Die Legende von Wilhelm Tell* unter Berücksichtigung der folgenden Fragen:

- Was ist kennzeichnend für Gesichtsausdruck, Gestik und Körperhaltung der Figur?
- Welcher Eindruck entsteht hierdurch?
- Welche Perspektive wurde gewählt?

2 Erläutern Sie, welche Sprüche zur Aussage des Panels passen und welche nicht.

Rache macht ein kleines Recht zu großem Unrecht.
(Deutsches Sprichwort)

Rache, süß am Anfang, schlägt gar bald mit herbem Weh sich selbst.
(John Milton)

Sein Auge auf Vergeltung richten heißt, sich in seinen Taten von andern abhängig machen und nie eigentlich vorwärtskommen.
(Rudolf Georg Binding)

Wie du mir, so ich dir.
(Ovid)

Jede Rache ist erlaubt, wenn sie den Schuldigen trifft.
(Alexandre Dumas)

Eine Interpretation vorbereiten und ausarbeiten

Im Mittelpunkt der Interpretation eines dramatischen Textes stehen die **Untersuchung von Inhalt und Aufbau** unter Berücksichtigung der Dialogführung sowie die **Analyse der dramaturgischen und sprachlich-stilistischen Mittel**.

Sie entscheiden, ob Sie den Dialog nach inhaltlichen Abschnitten gliedern und die verschiedenen Aspekte integrativ gemeinsam abhandeln, oder ob Sie die verschiedenen Schritte jeweils gesondert in einem Abschnitt darlegen. Achten Sie darauf, Ihre Untersuchungsergebnisse durch **Textbelege** zu stützen.

Die Erarbeitung eines für den Dramenauszug relevanten Motivs wird oft mit einer **Vergleichsaufgabe** verknüpft, die auf ein anderes literarisches Werk bezogen ist. Dürfen Sie das Vergleichswerk selbst wählen, sind Sie nicht an Gattungs- oder Epochenbegrenzungen gebunden, d. h. Sie dürfen neben weiteren dramatischen Texten ebenso lyrische oder epische Texte verwenden.

Beginnen Sie mit der Anfertigung einer **Stoffsammlung,** die Ihnen später beim Ausformulieren der Interpretation eine große Hilfe ist. Achten Sie darauf, dass die Interpretation – trotz ihrer Untergliederung in Teilaufgaben und Teilabschnitte – als homogenes Textganzes erscheint.

Arbeitsschritt 1 Erste Eindrücke formulieren

Ein Drama ist in der Regel in **Akte** (oder Aufzüge) unterteilt. Ein Akt bezeichnete früher rein formal den Zeitraum zwischen dem Auf- und Zuziehen des Bühnenvorhangs. Inhaltlich markiert ein Akt bis heute einen größeren Handlungsabschnitt eines Theaterstücks, der wiederum in mehrere Szenen (oder Auftritte) unterteilt ist.

Eine **Szene** bildet einen kleineren Handlungsabschnitt des Theaterstücks, der z. B. durch den Wechsel des Schauplatzes oder durch das Hinzukommen oder Abgehen von Figuren gekennzeichnet wird. Die Handlung in den meisten **aristotelischen Dramen** bzw. den Dramen der geschlossenen Form verläuft linear und besteht nur aus einem Handlungsstrang.

Die **nicht-aristotelischen Dramen** bzw. die Dramen der offenen Form lassen sich keinem festen Aufbauplan zuordnen, zumal sie aus einer sehr unterschiedlichen Anzahl von Akten und Szenen bestehen können. Die Handlung verläuft meist sprunghaft, indem einzelne Episoden aus einem oder auch mehreren Handlungssträngen herausgegriffen werden.

INFO

Aufbau eines aristotelischen (geschlossenen) Dramas

Aristotelische Dramen bzw. Dramen der geschlossenen Form orientieren sich an der Dramaturgie des antiken Theaters und insbesondere an der Poetik des griechischen Philosophen Aristoteles (384–322 v. Chr.), dem diese Form des Dramas auch ihren Namen verdankt. Die von Aristoteles beschriebenen griechischen Dramen hatten u. a. in der Regel fünf Akte, wobei die einzelnen Akte jeweils eine spezifische Funktion besaßen:

1. Akt, Exposition: Vorstellung der wichtigsten Personen, des Ortes, der Zeit und der Vorgeschichte der Handlung; Einführung in den zentralen Konflikt

2. Akt, steigende Handlung mit erregendem Moment: Der zentrale Konflikt entfaltet sich, das Geschehen beschleunigt sich in eine bestimmte Richtung, die Spannung auf den Ausgang steigt.

3. Akt, Höhe- und Wendepunkt: Die Entwicklung des Konflikts erreicht ihren Höhepunkt; am Wendepunkt (der Peripetie) entscheidet sich, welche Richtung die weitere Handlung nimmt.

4. Akt, fallende Handlung mit retardierendem Moment: Die Handlung verläuft auf das Ende hin, die Spannung wird gehalten, indem die Entwicklung durch ein retardierendes (verzögerndes) Moment noch einmal gebremst oder scheinbar in andere Bahnen gelenkt wird.

5. Akt, Schluss: Lösung des Konflikts (meist Happy End oder Katastrophe)

3 Lesen Sie den Auszug aus dem fünften Akt des Dramas *Wilhelm Tell* (1804) von Friedrich Schiller. Notieren Sie mithilfe der folgenden Fragen Auffälligkeiten, die Sie auf den ersten Blick erkennen:

- Wo und wann spielt die Szene? Was ging der Szene voraus (vgl. Vorbemerkung)?
- Welche Figuren treffen aufeinander? Wie stehen sie zueinander?
- Welche Ziele und Interessen verfolgen die Figuren? Welche Eigenschaften zeichnen sie aus? Ändert sich ihre Haltung oder ihr Charakter in dieser Szene?

Text 1 FRIEDRICH SCHILLER (1759–1805)

Wilhelm Tell

Vorbemerkung: *Im dritten Akt des Dramas wird Wilhelm Tell vom Reichsvogt Gessler gezwungen, einen Apfel vom Kopf seines Sohnes Walther zu schießen als Strafe dafür, dass er den auf dem Marktplatz in Altdorf als Stellvertreter des Kaisers aufgestellten Hut nicht gegrüßt hat. Entsetzt über den Befehl bittet Tell um Gnade, aber Gessler lässt sich nicht umstimmen. Tell schießt den Apfel vom Kopf seines Sohnes und gesteht, dass er im Falle eines Scheiterns den Vogt getötet hätte. Daraufhin lässt Gessler ihn verhaften und nach Küßnacht auf seine Burg bringen. Im vierten Akt gelingt Tell bei der Fahrt über den stürmischen See die Flucht. In der hohlen Gasse bei Küßnacht erschießt er den Reichsvogt mit einem Pfeil. Daraufhin beginnt im fünften Akt die allgemeine*

Befreiung der Urkantone Uri, Schwyz und Unterwalden. Als Tell zu seiner Familie zurückkehrt, erscheint Parricida als Mönch verkleidet in seinem Haus.

TELL: O Hedwig, Hedwig! Mutter meiner Kinder!
Gott hat geholfen – Uns trennt kein Tyrann mehr.
HEDWIG *(an seinem Halse).*
O Tell! Tell! Welche Angst litt ich um dich.
(Mönch wird aufmerksam.)
TELL: Vergiss sie jetzt und lebe nur der Freude!
Da bin ich wieder! Das ist meine Hütte!
Ich stehe wieder auf dem Meinigen!
WILHELM: Wo aber hast du deine Armbrust, Vater?
Ich seh sie nicht.

TELL: Du wirst sie nie mehr sehn.
An heil'ger Stätte ist sie aufbewahrt,
Sie wird hinfort zu keiner Jagd mehr dienen.
HEDWIG: O Tell! Tell!
(Tritt zurück, lässt seine Hand los.)
TELL: Was erschreckt dich, liebes Weib?
HEDWIG: Wie – wie kommst du mir wieder? – Diese Hand
– Darf ich sie fassen? – Diese Hand – O Gott!
TELL *(herzlich und mutig).*
Hat euch verteidigt und das Land gerettet,
Ich darf sie frei hinauf zum Himmel heben.
(Mönch macht eine rasche Bewegung, er erblickt ihn.)
Wer ist der Bruder hier?
HEDWIG: Ach, ich vergaß ihn!
Sprich du mit ihm, mir graut in seiner Nähe.
MÖNCH *(tritt näher).*
Seid Ihr der Tell, durch den der Landvogt fiel?
TELL: Der bin ich, ich verberg es keinem Menschen.
TELL *(misst ihn mit den Augen).*
Ihr seid kein Mönch! Wer seid Ihr?
MÖNCH: Ihr erschlugt
Den Landvogt, der Euch Böses tat – Auch ich
Hab einen Feind erschlagen, der mir Recht
Versagte – Er war Euer Feind wie meiner –
Ich hab das Land von ihm befreit.

TELL *(zurückfahrend).* Ihr seid –
Entsetzen! – Kinder! Kinder geht hinein.
Geh liebes Weib! Geh! Geh! – Unglücklicher,
Ihr wäret –
HEDWIG: Gott, wer ist es?
TELL: Frage nicht!
Fort! Fort! Die Kinder dürfen es nicht hören.
Geh aus dem Hause – Weit hinweg – Du darfst
Nicht unter einem Dach mit diesem wohnen.
HEDWIG: Weh mir, was ist das? Kommt!
(Geht mit den Kindern.)
TELL *(zu dem Mönch).* Ihr seid der Herzog
Von Österreich[1] – Ihr seid's! Ihr habt den Kaiser
Erschlagen, Euern Oh'm und Herrn.
JOHANNES PARRICIDA: Er war
Der Räuber meines Erbes.
TELL: Euern Oh'm[2]
Erschlagen, Euern Kaiser! Und Euch trägt
Die Erde noch! Euch leuchtet noch die Sonne!
PARRICIDA: Tell, hört mich, eh Ihr –
TELL: Von dem Blute triefend
Des Vatermordes[3] und des Kaisermords,
Wagst du zu treten in mein reines Haus,
Du wagst's, dein Antlitz einem guten Menschen
Zu zeigen und das Gastrecht zu begehren?
PARRICIDA: Bei Euch hofft' ich Barmherzigkeit zu finden,
Auch Ihr namt Rach' an Euerm Feind.
TELL: Unglücklicher!
Darfst du der Ehrsucht blut'ge Schuld vermengen
Mit der gerechten Notwehr eines Vaters?
Hast du der Kinder liebes Haupt verteidigt?
Des Herdes Heiligtum beschützt? das Schrecklichste,
Das Letzte von den Deinen abgewehrt?
– Zum Himmel heb ich meine reinen Hände,
Verfluche dich und deine Tat – Gerächt
Hab ich die heilige Natur[4], die du
Geschändet – Nichts teil ich mit dir – Gemordet
Hast du, ich hab mein Teuerstes verteidigt.
PARRICIDA: Ihr stoßt mich von Euch, trostlos, in Verzweiflung?

TELL: Mich fasst ein Grausen, da ich mit dir rede.
Fort! Wandle deine fürchterliche Straße,
Lass rein die Hütte, wo die Unschuld wohnt.
PARRICIDA *(wendet sich zu gehn).*
So kann ich, und so will ich nicht mehr leben!
TELL: Und doch erbarmt mich deiner – Gott des Himmels!
So jung[5], von solchem adeligen Stamm,
Der Enkel Rudolphs, meines Herrn und Kaisers,
Als Mörder flüchtig, hier an meiner Schwelle,
Des armen Mannes, flehend und verzweifelnd –
(Verhüllt sich das Gesicht.)
PARRICIDA: O wenn Ihr weinen könnt, lasst mein Geschick
Euch jammern, es ist fürchterlich – Ich bin
Ein Fürst – ich war's – ich konnte glücklich werden,
Wenn ich der Wünsche Ungeduld bezwang.
Der Neid zernagte mir das Herz – Ich sah
Die Jugend meines Vetters Leopold[6]
Gekrönt mit Ehre und mit Land belohnt,
Und mich, der gleiches Alters mit ihm war,
In sklavischer Unmündigkeit gehalten –
TELL: Unglücklicher, wohl kannte dich dein Ohm,
Da er dir Land und Leute weigerte!
Du selbst mit rascher wilder Wahnsinnstat
Rechtfertigst furchtbar seinen weisen Schluss.
– Wo sind die blut'gen Helfer deines Mords?
PARRICIDA: Wohin die Rachegeister[7] sie geführt,
Ich sah sie seit der Unglückstat nicht wieder.
TELL: Weißt du, dass dich die Acht[8] verfolgt, dass du
Dem Freund verboten und dem Feind erlaubt?
PARRICIDA: Darum vermeid ich alle offne Straßen,
An keine Hütte wag ich anzupochen –
Der Wüste[9] kehr ich meine Schritte zu,
Mein eignes Schrecknis, irr ich durch die Berge,
Und fahre schaudernd vor mir selbst zurück,
Zeigt mir ein Bach mein unglückselig Bild.
O wenn ihr Mitleid fühlt und Menschlichkeit –
(Fällt vor ihm nieder.)
TELL *(abgewendet).* Steht auf! Steht auf!
PARRICIDA: Nicht, bis Ihr mir die Hand gereicht zur Hilfe.

TELL: Kann ich Euch helfen? Kann's ein Mensch der Sünde?[10]
Doch stehet auf – Was Ihr auch Grässliches
Verübt – Ihr seid ein Mensch – Ich bin es auch –
Vom Tell soll keiner ungetröstet scheiden –
Was ich vermag, das will ich tun.
PARRICIDA *(aufspringend und seine Hand mit Heftigkeit ergreifend).*
O Tell!
Ihr rettet meine Seele von Verzweiflung.
TELL: Lasst meine Hand los – Ihr müsst fort. Hier könnt
Ihr unentdeckt nicht bleiben, könnt entdeckt
Auf Schutz nicht rechnen – Wo gedenkt Ihr hin?
Wo hofft Ihr Ruh zu finden?
PARRICIDA: Weiß ich's? Ach!
TELL: Hört, was mir Gott ins Herz gibt – Ihr müsst fort
Ins Land Italien, nach Sankt Peters Stadt;[11]
Dort werft Ihr Euch dem Papst zu Füßen, beichtet
Ihm Eure Schuld und löset Eure Seele.
PARRICIDA: Wird er mich nicht dem Rächer überliefern?
TELL: Was er Euch tut, das nehmet an von Gott.
PARRICIDA: Wie komm ich in das unbekannte Land?
Ich bin des Wegs nicht kundig, wage nicht
Zu Wanderern die Schritte zu gesellen.
TELL: Den Weg will ich Euch nennen, merket wohl!
Ihr steigt hinauf, dem Strom der Reuß entgegen,
Die wildes Laufes von dem Berge stürzt –
PARRICIDA *(erschrickt).* Seh ich die Reuß? Sie floss bei meiner Tat.
TELL: Am Abgrund geht der Weg, und viele Kreuze
Bezeichnen ihn, errichtet zum Gedächtnis
Der Wanderer, die die Lawin begraben.
PARRICIDA: Ich fürchte nicht die Schrecken der Natur,
Wenn ich des Herzens wilde Qualen zähme.
TELL: Vor jedem Kreuze fallet hin und büßet
Mit heißen Reuetränen Eure Schuld –
Und seid Ihr glücklich durch die Schreckensstraße,[12]
Sendet der Berg nicht seine Windeswehen
Auf Euch herab von dem beeisten Joch,
So kommt Ihr auf die Brücke, welche stäubet.
Wenn sie nicht einbricht unter Eurer Schuld,
Wenn Ihr sie glücklich hinter Euch gelassen,

So reißt ein schwarzes Felsentor sich auf –
Kein Tag hat's noch erhellt – da geht Ihr durch,
Es führt Euch in ein heitres Tal der Freude –
Doch schnellen Schritts müsst Ihr vorübereilen,
Ihr dürft nicht weilen, wo die Ruhe wohnt.
PARRICIDA: O Rudolph! Rudolph! Königlicher Ahn!
So zieht dein Enkel ein auf deines Reiches Boden!
TELL: So immer steigend, kommt Ihr auf die Höhen
des Gotthards, wo die ew'gen Seen sind,[13]
Die von des Himmels Strömen selbst sich füllen.
Dort nehmt Ihr Abschied von der deutschen Erde,
Und muntern Laufs führt Euch ein andrer Strom[14]
Ins Land Italien hinab, Euch das gelobte –
(Man hört den Kuhreihen von vielen Alphörnern geblasen.)
Ich höre Stimmen. Fort!
HEDWIG *(eilt herein).* Wo bist du, Tell?
Der Vater kommt! Es nahn im frohen Zug
Die Eidgenossen alle –
PARRICIDA *(verhüllt sich).* Wehe mir!
Ich darf nicht weilen bei den Glücklichen.
TELL: Geh, liebes Weib. Erfrische diesen Mann,
Belad ihn reich mit Gaben, denn sein Weg
Ist weit, und keine Herberg findet er.
Eile! Sie nahn.
HEDWIG: Wer ist es?
TELL: Forsche nicht!
Und wenn er geht, so wende deine Augen,
Dass sie nicht sehen, welchen Weg er wandelt!

(Parricida geht auf den Tell zu mit einer raschen Bewegung, dieser aber bedeutet ihn mit der Hand[15] und geht. [...])

Aus: Friedrich Schiller: Wilhelm Tell, Reclam, Stuttgart 2011, S. 121 ff.

Worterklärungen:

1: *der Herzog / Von Österreich (V. 47 f.)*: Johann von Schwaben
2: *Oh'm (V. 52)*: Oheim, Onkel
3: *Vatermordes (V. 57)*: eigentlich Verwandtenmord
4: *Die heilige Natur (V. 71)*: natürlichen Rechte
5: *So jung (V. 81)*: Johann war 18 Jahre alt
6: *Leopold (V. 91)*: der Sohn Albrechts I.

7: *die Rachegeister* (V. 100): Erinnyen; in der griechischen Mythologie treiben sie Verbrecher, besonders Mörder, in den Wahnsinn
8: *die Acht* (V. 102): Ächtung, Verbannung
9: *Wüste* (V. 106): Wildnis
10: *Sünde* (V. 114): ein mit der Erbsünde belasteter Mensch
11: *Sankt Peters Stadt* (V. 128): Rom
12: *Schreckensstraße* (V. 147): Schneestaublawinen
13: *Des Gotthards, wo die ew'gen Seen* (V. 161): Bergseen auf der Passhöhe des St. Gotthard
14: *ein andrer Strom* (V. 164): der Fluss Tessin (Ticino)
15: *bedeutet ihn mit der Hand* (V. 181 f.): weist ihn weg

Friedrich Schiller auf einem Ölgemälde von Anton Graff, 1791

Arbeitsschritt 2 Dramatische Texte gliedern und den Gesprächsverlauf analysieren

Dramatische Rede entspricht zunächst der Figurenrede in erzählenden Texten. Sie ist von der Autorposition grundsätzlich zu unterscheiden und ist wesentlich **abhängig von den Interessen und Absichten der Figuren,** der Redesituation und den Figurenbeziehungen. Die Figurenrede hat im Drama einen erheblich höheren Stellenwert als in erzählenden Texten, da Außersprachliches (z. B. Handlungen, Handlungsmotive, Einstellungen, Wahrnehmungen) stärker durch Worte verdeutlicht wird. **Die Figuren handeln, indem sie sich sprachlich äußern:** Sie fragen, fordern auf, ermuntern, bezweifeln, warnen, geben preis, spiegeln vor, verschweigen, verleugnen, verheimlichen, versprechen etc. Verwenden Sie bei der Analyse des Gesprächsverlaufs aussagekräftige Verben, die hervorheben, was die Figuren mit ihrer Sprache bewirken oder tun. Achten Sie besonders auf die **Art des Redewechsels,** z. B. die Art, wie der Redende auf die Aussage des Vorredners eingeht bzw. nicht eingeht.

INFO

Vokabular zur Erarbeitung des Gesprächsverlaufs in einem Drama

ablehnen
vom Thema ablenken
(an)deuten
anklagen
auffordern
ausdrücken
aushorchen
äußern
ausweichen
beanspruchen
befehlen
darauf beharren
behaupten
sich bemühen
sich berufen auf
beruhigen
bestätigen
darauf bestehen
bestreiten
beteuern
betonen
betteln
bewerten
bezweifeln
jemanden bezichtigen
demonstrieren
jemanden durchschauen
Vorwürfe erheben
jemanden an etwas erinnern
erklären
erkunden
sich erkundigen
einfordern
einräumen
jemanden einschüchtern
einwenden
einwerfen
ermuntern
an etwas festhalten
fragen
fordern
heucheln
hinweisen
insistieren
kritisieren
missachten
nachforschen
preisgeben
provozieren
auf etwas reagieren
sich rechtfertigen
auf jemanden etwas schieben
jemandem schmeicheln
signalisieren
überraschen
unterbrechen
unterstellen
vereiteln
sich vergewissern
verheimlichen
verlangen
verleugnen
vermeiden
verschleiern
versprechen
versuchen
(sich) verteidigen
sich gegen etwas verwahren
vorgeben
vorschlagen
vortäuschen
vorwerfen
warnen
das Thema wechseln
sich wenden an
widersprechen
zögern
zurechtrücken
zurechtweisen
zweifeln

Ein **Gespräch** kann in der Regel **in verschiedene Phasen eingeteilt** werden: Gesprächseröffnung, Gesprächsmitte – die sich unter Umständen nochmals in Teilabschnitte strukturieren lässt – und die Gesprächsbeendigung. Folgende Fragen sind bei der **Gliederung des Gesprächs** hilfreich:

- Welche Ereignisse und Ergebnisse der Vorgeschichte sind bekannt?
- Mit welchen Voraussetzungen gehen die Figuren ins Gespräch?
- Worüber unterhalten sich die Figuren? Reden sie über das gleiche Thema?
- Wechselt das Thema bzw. der Schwerpunkt während des Gesprächs?

- Werden Probleme aufgeworfen oder gelöst?
- Welche Ziele und Interessen verfolgen die Figuren?
- Mit welchen Strategien versuchen sie, ihre Absichten zu verwirklichen?
- Lassen die Figuren einander ausreden oder fallen sie sich ins Wort?
- Gibt es einen Höhe- und Wendepunkt im Gesprächsverlauf?
- Gibt es Gesprächsstörungen, z. B. durch das Erscheinen einer weiteren Figur?
- Wie endet das Gespräch? Trägt es zur Konfliktlösung bei oder endet es offen?
- Was folgt aus dem Gespräch für die weitere Handlung?

4 Legen Sie dar, welche Handlungsschritte bzw. Gesprächsphasen im Dramenauszug aus Schillers *Wilhelm Tell* (Text 1) zu erkennen sind. Markieren Sie die Einschnitte im Text. Geben Sie bei jedem Abschnitt die entsprechenden Verse in Klammern an.

5 Fassen Sie für jeden Abschnitt die Gesprächsinhalte zusammen und achten Sie dabei besonders auf die Gesprächsführung. Die Formulierungen im Wortspeicher helfen Ihnen bei der späteren Ausformulierung einer strukturierten Inhaltsangabe.

WORTSPEICHER

Die vorliegende Szene spielt im …, kurz nachdem … • Während in der vorausgegangenen Szene noch … der Fall war, hat sich die Situation nun durch die Nachricht/das Erscheinen von … verändert und der Zuschauer ist mit dem Umstand konfrontiert, dass … • Der Szenenausschnitt lässt sich in … Abschnitte gliedern/einteilen, die ungefähr von gleicher Länge sind. • Im ersten Abschnitt (V. … bis …) trifft der Protagonist auf … Diese Begegnung ist bereits in der vorausgehenden Szene vorbereitet worden und trifft den Zuschauer nicht ganz unterwartet. • Im folgenden Abschnitt (V. … bis …) entwickelt sich ein Dialog, der besonders geprägt ist durch … • Die zwingende überraschende/vorhersehbare Folge dieser Auseinandersetzung ist im dritten Abschnitt (V. … bis …) deutlich sichtbar: Der Protagonist tut … • Der Höhepunkt der Szene …/ein Wendepunkt in der Beziehung der Protagonisten ist …, denn von nun an … • Die Begegnung der beiden Gesprächspartner endet in Streit/ Versöhnung und es ist nicht gelungen/gelungen, … Die Situation ist geklärt/verfahren und man muss erwarten, dass …

Arbeitsschritt 3 Die dramatische Gestaltung der Texte untersuchen

Ein Dramentext besteht aus dem **Haupttext**, d. h. aus Dialogen (Rede und Gegenrede) und Monologen (Selbstgespräche), die von den Schauspielerinnen und Schauspielern gesprochen werden.

Daneben gibt es den **Nebentext**, der nicht gesprochen wird, sondern Titel, Personenverzeichnis, Nummerierung von Szenen, Hinweise zur Bühnenausstattung sowie **Regieanweisungen** zum Aussehen, zum Verhalten und zur Sprechweise der Figuren sowie zu akustischen Signalen umfasst. Auch wenn der Nebentext meist kurz ist, sollten Sie ihn genau lesen, da er oft **wertvolle Informationen für die Interpretation** enthält.

Raumgestaltung im Drama:

Die Handlung in einem Drama wird durch die Gestaltung des Raumes maßgeblich bestimmt. In aristotelischen Dramen sind die Angaben zum Raum meist wenig konkret, da die Handlung hier durch die Dialoge vorangetrieben wird. In der Regel spielt das gesamte Drama bzw. der Dramenauszug nur an einem Schauplatz. In nicht-aristotelischen Dramen sind häufige und schnell aufeinanderfolgende Ortswechsel üblich, sodass dort oft genauere Angaben zum Raum zu finden sind. Denn der Zuschauer bzw. Leser muss diese gedanklich nachvollziehen können. Zu Requisiten und Kostümen werden nur selten Hinweise gegeben. Die konkrete Ausgestaltung ist Bestandteil der jeweiligen Inszenierung.

6 Zu Beginn der Szene V. 2 in Schillers *Wilhelm Tell* steht die Regieanweisung: „Tells Hausflur. Ein Feuer brennt auf dem Herd. Die offenstehende Tür zeigt ins Freie.“ Erläutern Sie die Bedeutung dieses Schauplatzes für die Unterredung zwischen Tell und Parricida.

Zeitgestaltung im Drama:

Die zeitliche Struktur eines Dramas spielt eine ebenso wichtige Rolle. Sie wird geprägt durch das Verhältnis zwischen Spielzeit und gespielter Zeit. Spielzeit bezeichnet den Zeitraum, den eine Aufführung umfasst, während gespielte Zeit den Zeitraum angibt, den die Handlung umfasst. In aristotelischen Dramen ist dies unter Berücksichtigung der Einheit der Zeit in der Regel ein Tag. In nicht-aristotelischen Dramen können dies Tage, Wochen oder Jahre sein. Zeitsprünge zwischen einzelnen Szenen werden durch Formulierungen, die Verknüpfungen herstellen oder Anspielungen auf vorausgehendes oder nachfolgendes Geschehen enthalten, kenntlich gemacht.

7 Untersuchen Sie die Zeitgestaltung im vorliegenden Dramenauszug (Text 1).

Figurenkonstellation und Figurencharakteristik

Als Protagonisten bezeichnet man Figuren des Dramas, die die Handlung tragen. In der griechischen Tragödie waren das zunächst nur der Spieler (**Protagonist**) und ein Gegenspieler (**Antagonist**), später kamen weitere Figuren hinzu (Haupt- und Nebenfiguren). Die Hauptfiguren werden häufig auch mit den Begriffen **Held** und **Anti-Held** bezeichnet. Überlegen Sie, ob diese selbstbewusst, eigenverantwortlich und aktiv am Verlauf des eigenen Schicksals beteiligt (Held) oder eher passiv und leidend fremden Mächten ausgesetzt sind (Anti-Held).

In dramatischen Texten charakterisieren sich die Figuren durch ihr Verhalten und durch das gesprochene Wort selbst bzw. werden durch die Aussagen anderer charakterisiert. Berücksichtigen Sie v. a. im zweiten Fall, dass diese Charakterisierung nicht objektiv sein muss. Die Figuren werden in der **Interaktion** mit anderen Figuren gezeigt. Jede Figur ist eingebunden in eine Figurenkonstellation, die z. B. bestimmt wird durch den Grad der Zuneigung, Abneigung oder Feindschaft zu einer anderen. Um Charaktereigenschaften zu verdeutlichen, werden einzelnen Figuren Gegenspieler oder Kontrastfiguren gegenübergestellt.

Gestalt, Mimik, Gestik, Körperhaltung und -bewegung sowie Kleidung können eine Figur ebenfalls charakterisieren. Allerdings finden Sie dazu in den Dramen nur wenige Hinweise. Kennzeichnen Sie daher bei der Dramenanalyse immer, ob es sich bei Aussagen zum äußeren Erscheinungsbild um Ihre eigene Interpretation handelt oder um Vorgaben, die durch Textbelege nachzuweisen sind.

8 Erläutern Sie die Figurenkonstellation im vorliegenden Dramenauszug (Text 1). Charakterisieren Sie Tell und Parricida.

Kommunikative Strukturen:

Die Art und Weise der Figurenrede ist zentraler Bestandteil der Dramenanalyse. Dabei spielen auch kommunikative Strukturen eine Rolle. Figuren können einen vergleichbaren gesellschaftlichen Rang einnehmen und über eine einheitliche Stilebene und eine ähnliche Sprachkompetenz verfügen. Sie können aber auch unterschiedliche gesellschaftliche Positionen innehaben und sich durch verschiedene sprachliche Stilebenen (z. B. Hochsprache vs. Umgangssprache) und durch unterschiedliche Sprachkompetenzen (rhetorisches Geschick vs. Spracharmut bzw. -not) voneinander unterscheiden. Gehen Sie in Ihrer Interpretation darauf ein, wie groß die Redeanteile der Figuren in dem Dialog sind, ob eine Figur das Gespräch dominiert, welche Figur die Initiative ergreift und welche das Gespräch beendet. Daraus schlussfolgern Sie, ob eine symmetrische (ausgewogene/unverzerrte) oder eine asymmetrische (ungleiche/verzerrte) Kommunikation vorliegt. Gehen Sie auch auf die Gesprächsatmosphäre ein.

9 Beschreiben Sie die kommunikativen Strukturen, die in dem Gespräch zwischen Tell und Parricida (Text 1) deutlich werden.

INFO

Monolog und weitere Formen der Figurenrede im Drama

Monologe (= Selbstgespräche) können unterschiedliche Funktionen haben: Eine Figur charakterisiert sich selbst und gibt Auskunft über ihr Innenleben, ihre Ansichten und Gefühle. Eine Figur gibt die Vorgeschichte zur Handlung bekannt. Eine Figur löst sich aus dem konkreten Handlungszusammenhang und stellt allgemeine Überlegungen an. Eine Figur erwägt das Für und Wider einer Entscheidung und kommt zu einem Entschluss.

Räumlich und/oder zeitlich gegenüber dem Bühnengeschehen versetzte Handlungsteile können dem Zuschauer vermittelt werden durch:

Botenbericht: Eine Figur berichtet von vergangenen Ereignissen, die auf der Bühne nicht dargestellt werden.

Mauerschau (griech. „Teichoskopie"): Eine Figur berichtet von einem gleichzeitig ablaufenden Geschehen, dem sie zuschaut oder zuhört und das auf der Bühne nicht dargestellt wird.

Beiseitesprechen: Eine Figur sagt etwas, das ihre Dialogpartner auf der Bühne nicht hören, wohl aber das Publikum.

10 Überprüfen Sie, ob in dem Dramenauszug (Text 1) Tendenzen zur Monologisierung der Dialoge festzustellen sind.

Arbeitsschritt 4 Sprache und Stil untersuchen

Die Figuren in einem Drama besitzen einen **individuellen Redestil**, der sie von anderen Figuren abhebt und sie in ihrer besonderen **Spracheigentümlichkeit** charakterisiert. Untersuchen Sie jede Figur gesondert hinsichtlich der von ihr verwendeten Sprache.

Folgende Fragen helfen Ihnen, die Besonderheiten zu erfassen.

- Welche Wörter werden wiederholt, welche ausgelassen?
- Welche Bilder werden verwendet?
- Wird mit sprachlichen Mitteln des Kontrastes bzw. der Steigerung gearbeitet?
- Wie sind die Sätze in den Reden der Figuren gebaut und welche Wirkung wird dadurch erzielt?
- Welche sprachlich-stilistischen Mittel werden verwendet und welche Funktion haben sie?

Betrachten Sie sprachliche und rhetorische Mittel **nicht isoliert**, sondern ordnen Sie diese dem Text als Ganzem zu, wozu Redesituation, Redeintention und Gesprächsführung gehören.

11 Untersuchen Sie die sprachlich-rhetorischen Mittel in den Redeanteilen von Tell und Parricida (Text 1) und deuten Sie diese hinsichtlich ihrer Funktion.

Arbeitsschritt 5 Motive erarbeiten und dramatische Texte vergleichen

Bei einem Vergleich setzen Sie literarische Texte unter vorgegebenen oder selbst gewählten Aspekten in Beziehung zueinander und stellen **Gemeinsamkeiten und Unterschiede** fest. Das Vorgehen, das Ihnen dazu im Kapitel 1 bezüglich lyrischer Texte vorgestellt wurde (vgl. S. 14), lässt sich auch auf Dramentexte übertragen.

In dem Dramenauszug aus Friedrich Schillers Schauspiel *Wilhelm Tell* und dem nachfolgend abgedruckten Ausschnitt aus Friedrich Dürrenmatts tragischer Komödie *Der Besuch der alten Dame* spielt das **Motiv der Rache** eine bedeutende Rolle. Die Ausgestaltung dieses Motivs in den Texten sollen Sie im Weiteren genauer untersuchen.

Am Ende des Vergleichs sollte ein **Fazit** stehen, das deutlich macht, warum Sie die beiden Werke überhaupt verglichen haben.

12 Lesen Sie den Auszug aus der tragischen Komödie *Der Besuch der alten Dame* von Friedrich Dürrenmatt (Text 2).

Text 2 FRIEDRICH DÜRRENMATT (1921–1990)

Der Besuch der alten Dame (Auszug)

Vorbemerkung: *Nach 45 Jahren kehrt Claire Zachanassian in ihr Heimatstädtchen Güllen zurück, das völlig heruntergekommen und verarmt ist. Die Einwohner hoffen, dass die Milliardärin ihnen mit einer kräftigen Finanzspritze aus der Not hilft. Tatsächlich stellt die inzwischen alt gewordene Dame den Güllenern die Schenkung von einer Milliarde in Aussicht, verlangt als Gegenleistung aber den Tod ihres ehemaligen Liebhabers, des Kaufmanns Alfred Ill, der sie um einer Geldheirat willen verleugnet und falsche Zeugen gegen sie aufgeboten hat, um der Anerkennung der Vaterschaft des gemeinsamen Kindes zu entgehen. Claire – damals noch Kläri Wäscher – musste die Stadt verlassen und sich gezwungenermaßen als Prostituierte durchschlagen, bis es ihr durch eine Serie von Ehen mit Großindustriellen gelang, reich zu werden. Nun plant sie tödliche Rache an ihrem gewissenlosen Verführer. In dem Dramenauszug kommen der Arzt und der Lehrer zu Claire Zachanassian in Vertretung der Bürger Güllens und machen ihr einen Vorschlag, um die Stadt aus dem Dilemma – Geld oder Moral – zu befreien. Sie erfahren zu ihrem Schrecken, dass die bankrotten Firmen der Stadt der Milliardärin seit Langem gehören und dass sie diese in der Absicht erworben hat, die Stadt und die Bürger zu ruinieren.*

DER LEHRER: Frau Zachanassian! Sie sind ein verletztes liebendes Weib. Sie verlangen absolute Gerechtigkeit. Wie eine Heldin der Antike kommen Sie mir vor, wie eine Medea[1]. Doch weil wir Sie im tiefsten begreifen, geben Sie uns den Mut, mehr von Ihnen zu fordern: Lassen Sie den unheilvollen Gedanken der Rache fallen, treiben Sie uns nicht zum Äußersten, helfen Sie armen, schwachen, aber rechtschaffenen Leuten, ein etwas würdigeres Leben zu führen, ringen Sie sich zur reinen Menschlichkeit durch!

CLAIRE ZACHANASSIAN: Die Menschlichkeit, meine Herren, ist für die Börse der Millionäre geschaffen, mit meiner Finanzkraft leistet man sich eine Weltordnung. Die Welt machte mich zu einer Hure, nun mache ich sie zu einem Bordell. Wer nicht blechen kann, muß hinhalten, will er mittanzen. Ihr wollt mittanzen. Anständig ist nur, wer zahlt, und ich zahle. Güllen für einen Mord, Konjunktur für eine Leiche.

Aus: Friedrich Dürrenmatt: Der Besuch der alten Dame, Eine tragische Komödie, Diogenes, 1999.

Worterklärung:

1: *Medea* (Z. 3): Frauengestalt der griechischen Mythologie, Zauberin göttlicher Abstammung

13 Überlegen Sie, welche der folgenden Aussagen auf Claire Zachanassian und Wilhelm Tell und bzw. oder auf Parricida zutreffen.

	Claire Zachanassian	Wilhelm Tell	Parricida
a) Die Figur will dem Verursacher des ursprünglichen Leids Schaden zufügen.	☐	☐	☐
b) Das erlittene Leid hat einen essenziellen Teil des Lebens der Figur gefährdet oder zerstört.	☐	☐	☐
c) Die Rache ist gerecht, trifft das richtige Ziel und bleibt dabei verhältnismäßig.	☐	☐	☐
d) Die Figur, die Rache verüben will, setzt sich ernsthaft mit den Ansprüchen der Moral auseinander und wendet sich nach reichlicher Überlegung trotzdem gegen diese Ansprüche.	☐	☐	☐
e) Die Figur handelt bewusst gegen die moralische Handlungsalternative, da sonst ihr ganzes Leben falsch wäre.	☐	☐	☐

Inszenierung von *Wilhelm Tell* am Theater Bielefeld im Jahr 2017

14 Erarbeiten Sie die Gründe für das Rachestreben von Claire Zachanassian, Wilhelm Tell und Parricida. Zeigen Sie Unterschiede und Gemeinsamkeiten auf.

Claire Zachanassian	Wilhelm Tell	Parricida

Arbeitsschritt 6 Dramatische Texte kontextualisieren

August Wilhelm Iffland (1759–1814) war ein deutscher Schauspieler, Intendant und Dramatiker, mit dem **Friedrich Schiller** viele Jahre eng zusammenarbeitete. Iffland führte Schillers Dramen an der Berliner Bühne auf. Schiller stellte ihm hierzu seine Dramen und Bearbeitungen zur Verfügung.

In einem Brief an Schiller kritisiert Iffland die **Parricida-Szene** und hinterfragt deren Notwendigkeit für die Tell-Handlung. Schiller rechtfertigt seine Entscheidung damit, dass erst durch das Erscheinen Parricidas die Unterschiede zwischen den beiden Mordtaten ausgesprochen werden und Tell und seine Familie „der intereßanteste Gegenstand im Stücke“ bleiben.

Schiller thematisiert in seinem Drama in allgemeiner Weise die **Idee von Freiheit und Humanität**, die am besonderen Fall der im Mittelalter durch habsburgische Fremdherrschaft bedrohten Schweizer veranschaulicht wird. Obwohl Umstände und Personen des Schauspiels überwiegend historischen Vorbildern entsprechen, handelt es sich bei den Figuren des Dramas doch eher um **Ideenträger**, wie sich an den stark typisierten Charakteren zeigt.

In seiner Schrift ***Über die ästhetische Erziehung des Menschen*** (1793) stellt Schiller die Forderung auf, man müsse zuerst die Menschen selbst verbessern – er spricht von „veredelten Charakteren“ –, um **gesellschaftliche Veränderungen** zu erreichen. Nicht mehr das Aufbegehren, sondern das **Bemühen um Mäßigung, Gleichheit und Rechtmäßigkeit** ist das Ziel. Deshalb rückte in der Weimarer Klassik die ästhetische Erziehung des einzelnen Menschen in den Mittelpunkt – als klarer Gegenentwurf zur Französischen Revolution.

15 Zeigen Sie auf, inwiefern Tells Verhalten gegenüber Parricida zu Schillers klassischem Programm passt.

Arbeitsschritt 7 Interpretationsthese prüfen und ein Fazit formulieren

Es empfiehlt sich, die Interpretationsthese erst am Ende des Planungsprozesses zu formulieren. Bilden Sie nicht lediglich den Inhalt ab, sondern arbeiten Sie heraus, warum der Dramenausschnitt so auffällig ist, welche Bezüge zum literaturhistorischen oder zeitgeschichtlichen Hintergrund erkennbar sind, welche **Entwicklung eine Hauptfigur** durchläuft, zu welcher **Einsicht** sie gelangt etc.

Wichtig ist, dass die Interpretationsthese in Bezug auf den zu bearbeitenden Dramenauszug schlüssig ist und dass ein **Gesamtverständnis** deutlich wird, das als Interpretation gewertet werden kann. Berücksichtigen Sie dabei auch immer die **Dramenform** und fragen Sie sich, worin der tragische Konflikt in der vorliegenden Tragödie besteht oder welche menschlichen Schwächen in der Komödie thematisiert werden. Die Interpretationsthese steht in Ihrem Text entweder am **Beginn des Hauptteils oder am Ende des ersten Teils** (vor der Vergleichsaufgabe).

Am Ende des Hauptteils formulieren Sie ein Fazit, in dem Sie die Aussagen Ihrer Argumentation in Bezug zur Interpretationsthese **auf einer höheren Abstraktionsebene zusammenfassen**. Ihr Fazit muss sich auf die zuvor erzielten Ergebnisse beziehen.

INFO

Dramenformen

Tragödie (Trauerspiel): Bühnenwerk, das einen tragischen Konflikt oder ein tragisches Geschehen zum Gegenstand hat und in der Regel mit dem moralischen oder physischen Untergang des Protagonisten endet (Katastrophe)

Komödie (Lustspiel): Bühnenwerk mit komischem oder heiterem Inhalt und glücklichem Ausgang, in dem menschliche Schwächen mit Nachsicht entlarvt werden

Tragische Komödie (Tragikomödie): Zwischenform, in der sich tragische und komische Elemente verbinden und wechselseitig durchdringen

Schauspiel: Zwischenform; Bühnenwerk, das unter Wahrung der ernsten Grundstimmung zum Sieg des Guten führt

16 Verfassen Sie zu dem Dramenauszug aus Schillers *Wilhelm Tell* (Text 1) eine Interpretationsthese.

Arbeitsschritt 8 Einleitung und Schluss verfassen

Um einen geschlossenen Eindruck Ihrer Interpretation zu erreichen, sollten Sie Einleitung und Schluss auf das **zentrale Motiv des Dramenauszugs** abstimmen. Anschließend leiten Sie zu Schillers Schauspiel *Wilhelm Tell* über und formulieren die Themafrage, in der Sie Autor, Titel, literarische Gattung oder Dramenform und Erscheinungsjahr des Werkes sowie das Thema Ihrer Interpretation nennen.

Der Schluss rundet die Ausführungen ab. Sie können abschließend einen **Gedanken aus der Einleitung** unter einem anderen Gesichtspunkt aufgreifen und weiterführen oder auch die **Aktualität des Dramas** herausstellen.

Bei der Ausformulierung des Interpretationstextes sollten Sie auf **geeignete Übergänge** an folgenden Stellen achten: von der Einleitung in den Hauptteil, zwischen einzelnen Abschnitten, vom Hauptteil zum Fazit, zwischen zwei Aufgabenteilen, vom Fazit zum Schluss. Damit geben Sie dem Leser Ihres Textes eine **inhaltliche Orientierung** und klären auch für sich selbst, welche Inhalte Sie im gegebenen Textabschnitt thematisieren müssen.

17 Verfassen Sie eine Einleitung und einen Schluss für Ihre Interpretation.

Arbeitsschritt 9 Die Interpretation überarbeiten

Nach dem Planen und Ausformulieren überarbeiten Sie Ihre Interpretation. Optimieren Sie Ihren Text durch **Kürzungen, Ergänzungen und Umformulierungen**, sodass Sie ihn für den Leser als schlüssig, relevant und verständlich einstufen.

Die Reihenfolge der verschiedenen Arbeitsschritte wurde so gewählt, dass sich bereits ein zielbewusster, methodisch planvoller Ablauf für Ihre Interpretation ergibt. Eine Umstellung beim Anfertigen der Niederschrift ist daher nicht angebracht. Richten Sie Ihr Augenmerk auf **Grammatik, Rechtschreibung und Zeichensetzung** sowie auf **Wortwahl, Satzbau** und auf eine korrekte **Zitation**. Die Übungen am Ende des Kapitels helfen Ihnen, im Bereich Sprachrichtigkeit an Sicherheit zu gewinnen.

18 Überprüfen und überarbeiten Sie Ihre Interpretation anhand der Checkliste zur Interpretation literarischer Texte (vgl. Kapitel 1, S. 23).

Übungen zu Grammatik, Rechtschreibung und Zeichensetzung

19 Verbinden Sie die Sätze durch Konjunktionen bzw. Subjunktionen (vgl. Kapitel 1, S. 17 ff.) miteinander, sodass die logischen Zusammenhänge zwischen den Sätzen richtig dargestellt werden. Achten Sie auch auf die Kommasetzung.

❶ Der Schwyzer Baumgarten wird von Reitern des kaiserlichen Burgvogts Wolfenschießen verfolgt. Er hat den Burgvogt, der seine Frau vergewaltigen wollte, mit der Axt erschlagen.

❷ Er bittet den Fischer Ruodi, ihn über den Vierwaldstätter See zu rudern. Dieser weigert sich wegen eines drohenden Gewitters.

❸ Tell bietet seine Hilfe an. Er rudert Baumgarten über den See.

❹ Die zu spät kommenden Verfolger nehmen Rache. Sie töten die Schafe der Anwesenden und stecken die Fischerhütte in Brand.

❺ In der Bevölkerung beginnt sich Widerstand gegen die Willkürherrschaft der Vögte zu regen. Tell rät zunächst zum Abwarten.

❻ Bei einer geheimen nächtlichen Versammlung auf dem Rütli vereinbaren die Urkantone Uri, Schwyz und Unterwalden ein gemeinsames Vorgehen gegen die Vögte. Die Übereinkunft wird durch den Rütlischwur besiegelt.

❼ Tell ist in ein Gespräch mit seinem Sohn Walther vertieft. Er ignoriert den Hut des Reichsvogts Gessler auf dem Marktplatz in Altdorf.

❽ Gessler befiehlt Tell, einen Apfel vom Kopf seines Sohnes zu schießen. Tell bittet um Gnade.

❾ Gessler bleibt bei seinem Befehl. Die Umstehenden versuchen Gessler umzustimmen.

❿ Tell gesteht, dass im Falle eines Scheiterns ein zweiter Pfeil dem Vogt gegolten hätte. Gessler lässt ihn verhaften und nach Küßnacht auf seine Burg bringen.

INFO

s, ss oder ß

Die Schreibung des scharfen s-Lautes richtet sich nach dem vorangehenden Vokal: Nach kurzem Vokal steht **ss** (z. B. Fluss, Riss, Masse), nach langem Vokal steht **ß** (z. B. Straße, Gefäß, Maß).

Wenn die erste betonte Silbe eines Worts einen langen Vokal (oder au, äu, eu, ei, ai) enthält, gelten folgende Regeln:

Beginnt die folgende Silbe mit stimmhaftem s (weich), wird **s** geschrieben (z. B. le-sen). Beginnt die folgende Silbe mit stimmlosem s (scharf, zischend), wird **ß** geschrieben (z. B. hei-ßen). Alle anderen Wortformen dieser Wörter behalten das **s** bzw. das **ß** bei (z. B. le-sen, er liest, er las …; hei-ßen, er heißt, er hieß …).

Bei zweisilbigen Wörtern, bei denen st im Wortstamm selbst vorkommt, schreibt man immer **s** – gleichgültig, ob der Vokal kurz oder lang ist (z. B. Ge-stein).

Wörter mit den Endungen -nis, -is, -as, -os und -us werden mit **s** geschrieben (z. B. Versäumnis).

20 Setzen Sie s, ss oder ß in den folgenden Lückentext ein (Text 3).

Text 3

Da**?** Motiv vom Apfelschu**?** taucht in mehreren europäischen Sagen auf. Sie stimmen darin überein, da**?** der Held einen Apfel vom Kopf seines Kindes zu schie**?**en hat und da**?** er einen Pfeil bereithält, um im Falle eines Fehlschu**?**es denjenigen zu töten, der ihm den Befehl gegeben hat. In allen Sagen gelingt der Meisterschu**?**.

Die älte**?**te Version der Sage wird vom Mönch Saxo Grammaticus über den dänischen Helden Toko überliefert. Ihm wird der Schu**?** von König Harald Blauzahn befohlen. Um 1200 wurde die dänische Legende verschriftlicht und fand dann Einzug im *Wei**?**en Buch von Sarnen* (1472) und in Verbindung mit allen hi**?**torischen Komponenten um 1550 im *Chronicon Helveticum* von Aegidius Tschudi.

Die Chronik von Tschudi entlieh Friedrich Schiller im Jahr 1802 au**?** der Weimarer Hofbibliothek zur Vorbereitung seiner Arbeit am Wilhelm Tell. Nach der Mehrheitsmeinung der Hi**?**toriker in und au**?**erhalb der Schweiz hat Tell niemal**?** seine Pfeile durch die Schweizer Luft gescho**?**en. Der berühmte Held von Schillers Drama i**?**t frei erfunden.

INFO

Zeichensetzung bei der direkten Rede

Die direkte Rede steht bei der **wörtlichen Wiedergabe von gesprochener Rede**. Sie wird in Anführungszeichen gesetzt. Der **Redebegleitsatz** kann der wörtlichen Rede vorangestellt, nachgestellt oder in die wörtliche Rede eingeschoben sein.

- Nach einem vorangestellten Begleitsatz weist ein Doppelpunkt auf die folgende wörtliche Rede hin.
- Der nachgestellte Redebegleitsatz wird immer durch ein Komma von der wörtlichen Rede abgetrennt. Der Aussagesatz bekommt keinen Schlusspunkt. Frage- und Ausrufezeichen bleiben aber erhalten.
- Der eingeschobene Redebegleitsatz wird am Anfang und am Ende durch Kommas von der wörtlichen Rede abgetrennt.

21 Wählen Sie aus dem Dialog zwischen Wilhelm Tell und Parricida (Text 1) drei Sätze. Ergänzen Sie a) einen vorangestellten, b) einen eingeschobenen und c) einen nachgestellten Redebegleitsatz. Achten Sie auf die Zeichensetzung.

INFO

Indikativ, Konjunktiv und die indirekte Rede

Man unterscheidet verschiedene Aussageweisen des Verbs, die sog. **Modi** (Sg.: der Modus).

Wenn man ausdrücken möchte, dass etwas wirklich geschieht oder eine Aussage uneingeschränkt gültig ist, steht das Verb im Modus **Indikativ** (= **Wirklichkeitsform**).

Wenn man ausdrücken möchte, dass etwas möglich, wünschenswert oder unwahrscheinlich ist, steht das Verb im Modus **Konjunktiv II** (= **Möglichkeitsform**). Der Konjunktiv II wird vom Indikativ Präteritum des Verbs abgeleitet (oft mit Umlaut).

Wenn man wiedergeben möchte, was jemand gesagt hat, verwendet man die **indirekte Rede**. Hierbei steht das Verb im Modus **Konjunktiv I**. Der Konjunktiv I wird durch den Stamm des Verbs (Infinitiv ohne „-en“) und die entsprechende Personalendung gebildet. Beim Wechsel von direkter zu indirekter Rede verändert sich meist das Personalpronomen.

Bildung des Konjunktivs I: ich schreib-*e*, du schreib-*est*, er/sie/es schreib-*e*, wir schreib-*en*, ihr schreib-*et*, sie schreib-*en*

Ersatzformen

Wenn der Konjunktiv I (im Textzusammenhang) nicht vom Indikativ Präsens zu unterscheiden ist, wird der **Konjunktiv II als Ersatzform** oder die **Umschreibung mit „würde“** gewählt. Wirken grammatikalisch korrekte Formen des Konjunktivs II veraltet oder umständlich (z. B. „er büke“, „ihr flöhet“), ist ebenfalls die Umschreibung mit „würde“ üblich.

22 Geben Sie die Verse 104 bis 110 aus dem Dialog zwischen Wilhelm Tell und Parricida in der indirekten Rede wieder. Überlegen Sie, wann Sie den Konjunktiv I durch den Konjunktiv II ersetzen müssen.

Interpretation epischer Texte

Die Begriffe *Epik* und *episch* gehen zurück auf das griechische Wort *epos* bzw. *epikos*, was übersetzt so viel heißt wie „das Gesagte“, „das Berichtete“ oder „die Erzählung“. Die ersten griechischen Epen waren umfangreiche erzählende und stilistisch ausgefeilte Dichtungen in Versform, die für den öffentlichen Vortrag bestimmt waren. Die Heldenepen *Ilias* und *Odyssee* (ca. 800 v. Chr.), die Homer zugeschrieben werden, gelten als Beginn der abendländischen Epos-Tradition. In der deutschen Literaturgeschichte tritt die Epik erstmals mit den Ritterepen des Mittelalters, z. B. dem *Nibelungenlied* (ca. 1200 n. Chr.), in den Vordergrund. Die heutige Definition der **Epik** bezieht sich auf jegliche Form erzählender Dichtung (lat. *prosa*). Epische Texte werden aufgrund von Ähnlichkeiten formaler, struktureller und inhaltlicher Art zu einzelnen Gattungen zusammengefasst und von benachbarten Gattungen abgegrenzt. Die Grenzen zwischen den Gattungen sind fließend. Nicht immer ist es möglich, einen epischen Text eindeutig einer Gattung zuzuordnen, da Verallgemeinerungen nur bedingt dem einzelnen Text gerecht werden. Dennoch helfen Ihnen Kenntnisse über epische Gattungen, Besonderheiten der Texte zu erfassen und Deutungsansätze zu entwickeln.

INFO

Epische Gattungen

Kleinere Formen

- **Anekdote:** Erzählung einer Episode aus dem Leben einer bekannten Persönlichkeit oder einer besonderen Begebenheit; erweckt den Anschein, dass sie wahr ist, was nicht immer zutrifft; auf den Schluss hin gestaltet
- **Fabel:** kurze, lehrhafte Erzählung mit Tieren als Träger menschlicher Charaktereigenschaften; Möglichkeit der (Sozial-)Kritik
- **Kurzgeschichte:** geradlinig erzählte, kurze Geschichte aus dem Alltagsleben gewöhnlicher Menschen, das durch den gewählten Ausschnitt mit Bedeutung versehen wird
- **Märchen:** Erzählung wunderbarer Begebenheiten ohne zeitliche, räumliche und kausale Festlegung in der Wirklichkeit; Gegenstand sind allgemein-menschliche Situationen wie Kampf, Tücke, Rettung, Hilfe, Befreiung
- **Parabel:** Gleichniserzählung, deren Inhalt durch einen Vergleich auf einen tatsächlich gemeinten Sachverhalt übertragen werden muss

Formen mittleren Umfangs

- **Erzählung:** Darstellung von Geschehnissen und Handlungen ohne kunstvolle Ausweitung von Zeit, Raum und Personal
- **Novelle:** kunstvoll gefügte Darstellung eines Handlungsablaufs, der auf einen zentralen Konflikt hin verdichtet ist; häufige Verwendung von Leitmotiven und Dingsymbolen

Große Formen

- **Epos:** ausführliche Erzählung in Versen
- **Roman:** umfangreiche Erzählung mit mehrsträngiger Handlung; Vielzahl von Personen; umfasst eine längere Zeitspanne

Annäherung an das Motiv

Im Mittelpunkt des dritten Kapitels dieses Buches steht eine Erzählung aus dem Band *Das Schlampenbuch* (1992) der Schweizer Autorin Milena Moser (geb. 1963). Die Autorin hat für ihre Erzählung den Titel *Die Entführung* gewählt.

1 Beschreiben Sie das folgende Bild und arbeiten Sie Bezüge zum Motiv der Entführung heraus.

INFO

Rondell

Das Rondell ist eine **Gedichtform,** die **aus acht Versen** besteht. Diese bilden eine Strophe und unterliegen keinem bestimmten Metrum oder Reimschema. Das wesentliche Merkmal eines Rondells ist das **Wiederholen einzelner Verse.** Die hier vorgeschlagene Variante des Rondells orientiert sich an einem Beispiel aus dem Jugendroman *Boot Camp* von Morton Rhue: Der zweite Vers wird im vierten und siebten Vers wiederholt, alle anderen Verse greifen den **Titel** auf, der den Inhalt des Gedichts bestimmt. Der Schlussvers kann auch als Frage formuliert werden.

Beispiel aus dem Jugendroman *Boot Camp* von Morton Rhue:

Nun bin ich hier, um mein Verhalten tief greifend zu verändern.
Du tust, was man dir sagt!
Ich soll erwachsen werden und die Dinge so sehen wie meine Eltern.
Du tust, was man dir sagt!
Meinen Willen versuchen sie hier mit allen Mitteln zu brechen.
Und sie wollen mein Gehirn waschen.
Du tust, was man dir sagt!
Wo bleibt die Würde?! *(Quelle: Morton Rhue: Boot Camp, Ravensburger Verlag 2006)*

2 Verfassen Sie ein Rondell mit dem Titel *Entführung*.

Eine Interpretation planen und formulieren

Sie werden nun angeleitet, die Interpretation eines epischen Textes zu planen und zu formulieren. Der Abfolge der Arbeitsschritte liegt – wie in den Kapiteln zuvor – ein gewisses standardisiertes Verfahren zugrunde, das sich auch auf die Interpretation anderer epischer Texte übertragen lässt. Eine allzu schematische Vorgehensweise sollten Sie jedoch vermeiden. Die Interpretation richtet sich immer an den jeweiligen Besonderheiten des Textes aus.

Arbeitsschritt 1 Erste Eindrücke notieren

Zunächst sollten Sie den Text vollständig lesen, um sich **Orientierung über Inhalt und Struktur** zu verschaffen. Nutzen Sie Lesestrategien, indem Sie Auffälligkeiten markieren, wiederkehrende Begriffe kennzeichnen und schwierige Textstellen anstreichen. Halten Sie Ihre ersten Eindrücke zum Inhalt und ggf. Ihr Vorwissen zu Autor, Thema, Gattung und Entstehungszeit des Textes stichwortartig fest. Sie leisten damit einen ersten Ansatz zur Verschriftlichung und können später beim Formulieren Ihrer Interpretation auf diese Notizen zurückgreifen. Am Ende sollten Sie zu einer **vorläufigen Interpretationsthese** gelangen, in der Sie herausstellen, warum der Text so auffällig ist.

3 Lesen Sie die Erzählung *Die Entführung* von Milena Moser. Machen Sie sich Notizen zu folgenden Aspekten des Geschehens: Ort, Zeit, Figuren.

Text 1 MILENA MOSER (geb. 1963)
Die Entführung (1992)

Es war an der Kreuzung direkt vor dem Bellevue-Platz, nachmittags gegen halb zwei. Die Sonne hatte mich einen Augenblick lang geblendet. Ich sah ihn im allerletzten Moment. Mit langen Schritten lief er über die Straße. Keine zwei Meter von mir entfernt. Der Wind fuhr durch sein Haar. Sein Schritt war leicht. Grüne Hosen flatterten um seine Beine. Sein Gesicht konnte ich nicht sehen. Es ging alles viel zu schnell. Heftig betätigte ich die Klingel. Er drehte sich nicht einmal um. Mein Herz blieb stehen, klopfte dann unregelmäßig weiter. Viel zu laut. Vorsichtiger als sonst fuhr ich die Acht zur Haltestelle und brachte sie sanft zum Stehen.

Ich blickte in den Rückspiegel. Ich wartete. Das Lichtsignal blinkte. Ich beachtete es nicht. Erst kürzlich war wieder einer dieser Leserbriefe im Tagblatt erschienen, ein W. E. aus Z. (woher denn sonst) empörte sich, das Tram[1] sei ihm vor der Nase abgefahren. Und das nicht zum ersten Mal! Man könnte meinen, die Fahrer machten das absichtlich, aus sadistischem Vergnügen. Nur, lieber W. E., das stimmt natürlich nicht, und wären Sie heute hier, würden Sie Ihre Anschuldigungen zurücknehmen müssen.

Ich wartete ungebührlich lange an der Haltestelle. Bis hinter mir die Neun ihr lila Auge zeigte. Widerwillig setzte ich den Tramzug in Bewegung und fuhr los. Ganz langsam nur. Und da war er auch schon wieder. Außer Atem, zerzaust, bewegte er sich durch den Mittelgang auf mich zu. Ich blickte in den Rückspiegel und in seine Augen. Sie lagen dunkel hinter einer lächerlich kleinen Brille. Warm. Er war nicht mehr ganz jung, sehr dünn. Unter dem Arm trug er mehrere lange Papprollen. Ungeschickt balancierte er auf einen freien Sitzplatz zu. Er setzte sich umständlich auf einen der letzten Plätze vor der Fahrerkabine und war dann aus meinem Rückspiegel verschwunden. Ich richtete meinen Blick geradeaus und stellte entsetzt fest, dass ich beinahe am Bürkliplatz vorbeigefahren wäre. Ich bremste hart. Die Fahrgäste wurden geschüttelt und gegeneinander geworfen und ließen ihr übliches Maulen hören. Was bilden die sich eigentlich ein. Glauben sie, ich höre sie nicht? Ich räusperte mich und entschuldigte mich höflich durchs Mikrofon. Das Maulen wurde nicht etwa leiser. Sehr viele Leute können sich nicht daran gewöhnen, dass eine Frau ein Tram fahren kann. Dabei gibt es nichts Einfacheres. Nach kurzer Zeit schon fährt man wie im Schlaf, gewissermaßen wie ein Automat, aber in Gedanken weit weg.

Ich warf einen Blick aus dem Fenster. Nein, ausgestiegen war er nicht. Außerdem würde er die Tür direkt hinter mir benutzen, ich würde ihn sehen. Er käme nicht so einfach an mir vorbei ... Ich holte tief Luft und konzentrierte mich wie am ersten Tag auf die Strecke, die vor mir lag.

Bis zur nächsten Haltestelle zwang ich mich, geradeaus zu blicken und mich auf den Schienenstrang zu konzentrieren. Doch dann, als ich das Tram gerade wieder zum Stehen gebracht hatte, klopfte es an die Scheibe, ich drehte mich um und er war es. Unsicher blickte er mich an. Rückte seine Brille zurecht.

Entschuldigen Sie, wenn ich nach Lochergut muss, bin ich da richtig?

Seine Stimme klang leise und höflich. Er sprach mit starkem Akzent. Ein Fremder. Einer, der wieder abreisen würde. Einer, der morgen nicht mehr hier wäre. Lochergut, da war er falsch. Ganz falsch. Ich hätte es ihm sagen können und er wäre ausgestiegen und hätte die Nummer zwei abgewartet und mich im selben Augenblick vergessen. Ich fragte mich, wer wohl im Moment auf der Zwei war. Meine Kollegin Annemarie mit den langen dunklen Haaren? Eine Welle der Eifersucht schlug über mir zusammen. Ich fühlte, dass ich rot wurde. Dann fiel mir ein, dass Annemarie in den Ferien war. Ich fuhr weiter, drehte mich dabei halb zu ihm und lächelte. Zu allem entschlossen, zeigte ich ihm meine kleinen Zähne. Lochergut ist richtig, ich sage Ihnen Bescheid.

Danke, vielen Dank.

Er setzte sich wieder. Diesmal auf den allerletzten Platz, direkt hinter mir. Durch die Scheibe fühlte ich seine Anwesenheit in meinem Rücken. Gemächlich fuhr ich auf den Paradeplatz zu. Meine Hände waren kühl, aber mein Herz raste, meine Wangen brannten, Schweißperlen bildeten sich auf meiner Stirn. Was tust du, flüsterte ich, was tust du da? Bist du verrückt?

Endlich holte ich tief Luft. Ein Grinsen flog über mein Gesicht. Dabei hatte ich noch Glück gehabt, dass sich keiner von diesen pensionierten Freizeitfahrern eingemischt hatte, die immer alles besser wissen.

Aber Fräulein, das stimmt doch nicht, für Lochergut muss der Herr doch … und so weiter – Gut, ich war verrückt.

Seit zwei Jahren saß ich in der Kabine.

Die Einsamkeit der Tramfahrerin kennt keine Grenzen. Man verbringt Schichten, ohne ein Wort mit jemandem zu wechseln, und an jeder Haltestelle wundert man sich, dass die eigene Stimme noch funktioniert. Man kauft sich an jeder Endstation einen Schokoladenstängel, nur um ein bisschen mit den Kioskverkäufern zu plaudern, und wird in kürzester Zeit dick und fett. Man lässt sich von den Fahrgästen anschnauzen, weil man zu schnell fährt oder zu langsam. Hausfrauen sammeln die herumliegenden Tageszeitungen auf und bringen sie sauber gebündelt in die Fahrerkabine, dabei beschweren sie sich, dass ich den Wagen nicht in Ordnung halte, als handle es sich um mein Wohnzimmer. Jugendliche fangen an zu kreischen, wenn sie eine Ansage nicht verstanden haben oder einen obszönen Hintersinn darin entdecken, der nur ihnen verständlich ist. Hin und wieder sagt eine alte Oma „Danke vielmals", während sie sich zur vorderen Tür hereinschleppt, und man könnte ihr dafür die Hände küssen. Man arbeitet sehr früh morgens oder sehr spät abends und irgendwann kommt der Tag, an dem man mit einem Kollegen die Schicht tauscht und drei Stunden früher als vorhergesehen nach Hause kommt. Dieser Tag kommt für alle einmal. Bei mir war es Frau Hess, die Lehrerin meiner Tochter Marianne. Frau Hess lag auf meinem halbweißen Wohnzimmerteppich, nackt um meinen Mann geschlungen. Ich stand in der Tür, müde, verschwitzt, in dieser furchtbaren Uniform, die auch schon zu eng wurde, ich stand da und bekam den Schluckauf. Ich konnte nichts sagen. Es war lächerlich. Ich wunderte mich auch nicht sehr, als ich bei der Scheidung leer ausging und Marianne bei ihrem Vater bleiben wollte. Und Frau Hess natürlich, die zu diesem Zeitpunkt schon schwanger war. Die Wohnung konnte ich behalten. Ich ließ als Erstes den Teppich auswechseln.

Sanft fuhr ich wieder an und warf dabei aus den Augenwinkeln einen Blick auf meinen Gast. Er saß ein bisschen gekrümmt, die Arme um seine Papprollen gekrampft. Er sah aus dem Fenster. Seine Blicke schweiften suchend über die

Fassaden. Paradeplatz, sagte ich leise ins Mikrofon. Es war eine Liebeserklärung. Und er blickte auf und legte den Kopf leicht schief. Er hatte es verstanden.

Der Augenblick verging, weil er vergehen musste. Ich überlegte fieberhaft. Ewig konnte ich hier nicht stehen bleiben. Ich kaute unentschlossen auf meiner Unterlippe. Dann musste ich unwillkürlich kichern. Ich könnte ihn entführen. Schmeiß die anderen Idioten raus. Fahr mit ihm durch die Stadt. Das ganze Schienennetz entlang. Die Türen natürlich verriegelt. In den Kurven ein bisschen zu schnell, damit er schon nach Atem ringt, wenn ich dann endlich anhalte, an einem dieser ruhigen, schattigen Plätze, an denen man ganz sicher ungestört ist ... Aber solche Plätze gibt es nicht im Züricher Tramnetz. Natürlich nicht.

Ich schüttelte leise den Kopf und fuhr ganz langsam an. Wenn ich schon dabei war, konnte ich ihn auch gleich zum Lochergut bringen. Ich spähte nach einer Weiche, bereit rechts abzubiegen, statt wie es dem Kurs entsprach, geradeaus weiterzufahren. In meinem Kopf war ein helles Licht. Ich fühlte mich glasklar und kalt. Einen Augenblick lang hielt ich mich für einen Engel. Viel zu schnell schoss ich auf die Kreuzung zu. Die Metallräder quietschten vorwurfsvoll.

Hinter mir hörte ich einstimmiges Seufzen. Kollektives Luftanhalten. Plötzlich ging alles ganz langsam. Mitten auf der Kreuzung hob sich der schwere Wagen ächzend aus den Schienen und kippte zur Seite. Immer noch ganz langsam. Aus dem Fenster sah ich die aufgerissenen Mäuler der Passanten. Der Wagen kippte, es krachte, Metall kreischte, Funken sprühten. Dann war alles schwarz.

Ich hörte die Sirenen der Krankenwagen. Ich hörte kleine spitze Schreie hinter mir. Ich hörte ein Stöhnen, das mein eigenes war. Ich lag hinter meinem Sitz eingeklemmt und konnte mich nicht bewegen. Ich hatte keine Schmerzen. Keine Gedanken.

Psst! Psst!

Eine Hand legte sich auf meine Schulter. Atem streifte mein Ohr. Ein Gesicht schwebte langsam in mein Blickfeld, hoch über mir. Dunkle Augen, die besorgt blickten. Die dünne Brille baumelte verdreht an meinem Ohr. Er!

Sind Sie ganz? Sind Sie in Ordnung?, flüsterte er. Ich schloss die Augen, öffnete sie wieder, seine Hand lag warm auf meiner Schulter. Er lächelte leicht. Ich konnte den Blick nicht mehr von ihm abwenden. Mein Name ist Henri, sagte er, und ich möchte Sie gerne kennen lernen.

Aus: Milena Moser: Die Entführung, in: Das Schlampenbuch. Erzählungen, Krösus Verlag 1992.

Worterklärung

1: *das Tram (Z. 12):* schweiz. Straßenbahn, Trambahn

Arbeitsschritt 2 Epische Texte gliedern

Das Wesentliche eines epischen Textes zu erfassen und darzustellen ist grundlegend für jede weitere Beschäftigung mit dem Text. Nicht immer wird das Geschehen geradlinig oder explizit erzählt, sondern mit vielfältigen literarischen Mitteln – wie **Vorausdeutungen und Rückblicken, Perspektivwechseln oder Andeutungen** – bewusst gestaltet. Das zu erkennen und zu verstehen ist Voraussetzung, um den Inhalt eines Textes zusammenfassen zu können. Gründliches Lesen des Textes und mehrfaches Lesen relevanter Textstellen helfen dem eigenen Verstehen. Es ist aber ebenso Teil des Verstehensprozesses, wenn Ihnen bei einem literarischen Text etwas rätselhaft bleibt.

Den Aufbau eines Textes erfassen Sie, indem Sie **thematisch zusammengehörige Abschnitte bilden** und **Überschriften formulieren**. Eine Orientierung bieten die Abschnitte, die im Druckbild sichtbar sind. Doch auch mehrere kürzere Abschnitte können zu einem Sinnabschnitt zusammengefasst werden. Mithilfe dieser Fragen können Sie die **Sinnabschnitte** eines Textes erkennen:

- Wo beginnt ein neuer Handlungsabschnitt? Wo tritt eine neue Figur auf? Wo wechselt die Stimmung?
- Wo wechselt der Schauplatz des Geschehens? Wo wechselt die äußere Handlung zur inneren Handlung bzw. umgekehrt?
- Wo wechselt das Thema bzw. der Themenschwerpunkt?
- Wo beginnt ein neuer Zeitabschnitt?
- Wo kommt es zu Unterbrechungen der linearen Darstellung der Ereignisse durch eingeschobene Rückblenden, Einschübe oder Vorausdeutungen?

Ihre Aufgabe besteht darin, das Besondere eines jeden Abschnitts herauszuarbeiten und **in eigenen Worten** zu formulieren. Um eine Distanz zur Textvorlage zu wahren, sollten Sie auf wörtliche Zitate verzichten. Das Vokabular im Wortspeicher hilft Ihnen, die Inhaltsangabe zu verfassen.

WORTSPEICHER

Die Erzählung/Der Romanauszug/Der Text setzt damit ein …/beginnt mit … • Es wird dargestellt … • Dieser Beschreibung folgt … • In der Folge kommt es zu … • In dem sich anschließenden nächsten Abschnitt der Erzählung/des Romanauszugs/des Textes wird zunächst … geschildert, dann … • Der letzte Abschnitt beschreibt …

4 Erarbeiten Sie Inhalt und Aufbau der Erzählung *Die Entführung*. Geben Sie bei jedem Sinnabschnitt die entsprechenden Zeilen in Klammern an.

Arbeitsschritt 3 Die erzählerische Gestaltung untersuchen

Zu den Darstellungs- und Gestaltungsmitteln epischer Texte gehört ein relativ gefestigter Bestand an Erzählkategorien, die Ihnen im Weiteren vorgestellt werden. Die Erzählkategorien helfen Ihnen, die **Besonderheiten der Texte auf inhaltlicher und struktureller Ebene** zu verstehen.

Wünschenswert ist ein exakter Gebrauch der gattungsspezifischen Begriffe. Sie sollten sich dabei nicht in Einzelbeobachtungen verlieren, sondern die einzelnen Textelemente zu einer Gesamtaussage über den Text vernetzen. Generell gilt es, nicht bloße Vermutungen zu liefern, sondern Ihre Ergebnisse am Text zu belegen, um auch den **Leser am Verstehensprozess** zu **beteiligen**.

Bestimmendes Element epischer Texte ist das Vorhandensein eines Erzählers als Vermittler der Handlung, der in unterschiedlicher Form im Text in Erscheinung tritt. Er kann selbst Teil der Handlung sein oder auch als Beobachter außerhalb der Handlung das Geschehen darbieten. Der Erzähler ist eine vom Autor geschaffene fiktive Figur. Seine Wertvorstellungen, Gefühle, Vorlieben und Abneigungen dürfen Sie nicht mit denen des Autors gleichsetzen. **Autor und Erzähler sind nicht identisch.**

INFO

Erzählform

- **Er-/Sie-Form:** 3. Person Singular; Erzählfigur, die zum Figurenkreis des Textes gehören kann, aber nicht muss; steht der Erzähler außerhalb des Textes, kann er die Erlebnisse anderer beschreiben, oft in die Figuren hineinsehen und auch über deren Gedanken berichten
- **Ich-Form:** 1. Person Singular; eigenständige Figur, die in der Welt der Erzählung greifbar ist; Blickwinkel des Erzählers ist auf den eigenen Gesichtskreis eingeschränkt; andere Figuren werden aus der Außenperspektive dargestellt

Der Ich-Erzähler und der Er-/Sie-Erzähler können sich auktorial, personal oder neutral verhalten. Viele Texte sind Mischformen des Erzählverhaltens. In der Interpretation sollten Sie dann vor allem das dominante Erzählverhalten berücksichtigen.

INFO

Erzählverhalten

	Auktorial	Personal	Neutral
Standort	Erzähler steht über dem erzählten Geschehen	Erzähler ist über eine Figur, aus deren Perspektive er erzählt, am Geschehen beteiligt	Erzähler steht an einem fixen Punkt außerhalb des Geschehens
Wissen	Erzähler kennt Zusammenhänge, Ablauf und Ausgang des Geschehens; er ist allwissend, blickt zurück und voraus	Erzähler weiß nur das, was seine Figur über das Geschehen weiß	Erzähler weiß nur das, was von außen zu sehen ist
Innensicht	Erzähler kann die Innensicht aller Figuren einnehmen	Erzähler kennt nur das Innere seiner Figur	Erzähler hat überhaupt keinen Einblick in die Innensicht der Figuren
Wertung	Erzähler kann das Geschehen kommentieren und bewerten	Erzähler ist an die Weltauffassung seiner Figur gebunden	Erzähler tritt zurück; er wertet nicht, erzählt sachlich und neutral

Das Geschehen kann aus verschiedenen Perspektiven und von unterschiedlichen Standorten aus erzählt werden. Daraus resultiert für den Leser eine geringe oder große Distanz zum erzählten Geschehen. Wichtig ist auch, das Verhältnis des Erzählers zu dem, was er erzählt, zu bestimmen. Nur auf diese Weise können Sie Beschreibungen, Bewertungen und Kommentare des Erzählers – insbesondere auch zu den Figuren – richtig deuten.

INFO

Erzählperspektive, Erzählstandort, Erzählhaltung

- **Erzählperspektive:** Außensicht (äußere Wahrnehmung von Figuren, Schauplätzen, Handlungen) und Innensicht (Beschreibung der Gedanken und Gefühle einer Figur)
- **Erzählstandort:** Position des Erzählers zum Erzählten: Nähe/Distanz in räumlicher oder auch in zeitlicher Hinsicht; der Ich-Erzähler tritt beispielsweise als erzählendes Ich und als erlebendes Ich auf; der zeitliche Abstand zwischen erzählendem und erlebendem Ich kann unterschiedlich ausgeprägt sein; eine deutliche Distanz liegt dann vor, wenn der Erzähler auf sein früheres Leben zurückblickt
- **Erzählhaltung:** Einstellung des Erzählers zum Erzählten (z. B. neutral, zustimmend, ablehnend, distanziert, skeptisch, kritisch, ironisch, humorvoll)

5 Untersuchen Sie Erzählform, Erzählverhalten und Erzählperspektive in der Erzählung *Die Entführung* von Milena Moser.

Der Autor kann Geschehnisse auslassen, raffen oder dehnen, die zeitlich-lineare Abfolge unterbrechen oder umstellen, in die Vergangenheit zurück- und in die Zukunft vorausschauen. Rückblenden verweisen z. B. auf ein früheres Ereignis, das für das gerade ablaufende Geschehen wichtig ist. Andeutungen über die Zukunft verdeutlichen, dass ein bestimmter Teil der Handlung für das Geschehen in der Zukunft von Bedeutung ist. Aus dem Verhältnis von Erzählzeit und erzählter Zeit können Sie Rückschlüsse ziehen auf die Bedeutung, die der Autor dem entsprechenden Handlungsabschnitt beimisst. Mit **Erzählzeit** ist die Dauer des Erzählens bzw. Lesens eines Textes gemeint. Unter **erzählter Zeit** ist der gesamte Zeitraum, über den erzählt wird, zu verstehen. Dieser ist an vielfachen Zeitangaben im Text erkennbar (z. B. Jahr, Monat, Tag, Stunde). Drei Möglichkeiten der Zeitgestaltung werden unterschieden:

INFO

Zeitgestaltung

zeitdeckendes Erzählen: Erzählzeit und erzählte Zeit sind annähernd gleich, z. B. bei der Wiedergabe von Redebeiträgen in der direkten Rede

zeitdehnendes Erzählen: Die Erzählzeit ist länger als die erzählte Zeit, z. B. bei der Beschreibung von Träumen und Gedanken, bei der Darstellung eines schnell ablaufenden Vorgangs in allen Einzelheiten sowie beim Erfassen gleichzeitig ablaufender Geschehnisse, die nacheinander erzählt werden müssen

zeitraffendes Erzählen: Die Erzählzeit ist kürzer als die erzählte Zeit, z. B. bei der Ausführung einer mehrere Jahre umfassenden Geschehensfolge, während der Lesevorgang nur wenige Stunden oder Minuten dauert

6 Erarbeiten Sie die Zeitstruktur in der Erzählung *Die Entführung* und erläutern Sie deren Funktion.

Der Erzähler kann sich in der Zeit beliebig nach vorne und zurück bewegen.

Räume schaffen die **äußeren Gegebenheiten** für das erzählte Geschehen. Zugleich haben die Räume, in denen die Figuren handeln und sich bewegen, eine **Wirkung auf die Figuren** selbst. Ein Raum bzw. Schauplatz kann zum Geschehen bzw. zu den Figuren in einem Zustand der Harmonie oder in einem Spannungsverhältnis stehen.

Aufschlussreich ist es, wie die Figuren einen Raum erleben, wie sie die Atmosphäre eines Raumes empfinden, wie sie auf Gegebenheiten eines Raumes mit ihrem Handeln reagieren. Daher sollten Sie in Ihrer Interpretation die Räume im Text genau beachten.

Räume können auch als **Motive** verwendet werden. Durch ihr mehrfaches Vorkommen in einem Text lösen sie beim Leser ganz bestimmte Assoziationen aus und erleichtern ihm das Verständnis des Textes. Raummotive sind in vielen literarischen Texten unterschiedlicher Epochen zu finden. Ihre Bedeutung und Funktion ist mehrdeutig und manchmal auch widersprüchlich. Häufige Raummotive sind:

Raummotiv	Bedeutung
Feld	Ort außerhalb der Zivilisation, Rückzugsort, Ort von Entscheidungen
Fenster	Begrenzung zwischen innen und außen; Sehnsucht nach Ferne, Freiheit und Unabhängigkeit
Friedhof	Einzugsbereich des Todes; Vorausdeutung auf die Konfrontation der Figur mit dem Tod
Garten	kultivierter Naturraum, Rückzugsort
Haus/Wohnung	Privatheit, Schutz, Geborgenheit, aber auch: Enge
(Groß-)Stadt	Zivilisation, Faszination, Abenteuer, aber auch: Naturferne, Anonymität, Einsamkeit, Verführung, Bedrohung

7 Stellen Sie dar, wie die Handlung in *Die Entführung* in die räumlichen Gegebenheiten eingebunden ist.

Bei einem Drama ist genau geregelt, wer gerade spricht. Die Sprecher sind am Vers- bzw. Zeilenanfang zu Beginn ihrer Rede genannt. In epischen Texten ist die **Sprechsituation** nicht so einfach zu durchschauen. Sie können jedoch das, was der Erzähler äußert (= **Erzählerrede**), unterscheiden von dem, was die Figuren sagen (= **Figurenrede**).

INFO

Formen der Erzählerrede

- **Bericht:** straffe und sachliche Darstellung des Geschehens
- **Beschreibung:** anschauliche Darstellung von Schauplätzen, Figuren, Gegenständen
- **szenische Darstellung:** der Darbietung im Drama angenäherte Erzählweise, in der der Dialog wie auf einer Bühne dargestellt wird
- **Kommentar:** Überlegungen, Bewertungen und Urteile des Erzählers, die seinen Standpunkt zu erkennen geben; wirken teils wie eine Unterbrechung des erzählten Geschehens

Auch in einem Erzähltext ist die Frage relevant: Wer spricht hier eigentlich gerade? Und in welcher Form?

INFO

Formen der Figurenrede

- **direkte Rede:** wörtliche Wiedergabe der Figurenrede meist mit Redeankündigung, Doppelpunkt und Anführungszeichen
- **indirekte Rede:** Wiedergabe von Äußerungen der Figuren durch den Erzähler unter Verwendung des Konjunktivs
- **erlebte Rede:** Wiedergabe von Gedanken einer Figur ohne Anführungszeichen bzw. ohne ankündigendes Verb; Nähe zur direkten Rede durch Interjektionen, Floskeln, hinweisende Zeit- und Raumadverbien; Nähe zum Erzählerbericht durch Gebrauch der Er-/Sie-Form
- **innerer Monolog:** Wiedergabe von unausgesprochenen Gedanken, Assoziationen einer Figur in der Ich-Form und im Präsens als Haupttempus
- **Bewusstseinsstrom (*stream of consciousness*):** Wiedergabe aller Wahrnehmungen, Empfindungen, Assoziationen, Gedanken einer Figur; im Unterschied zum inneren Monolog: keine lineare Ordnung, Verzicht auf Strukturierung, Auflösung des syntaktischen Gefüges

8 Erläutern Sie, welche Redeformen in der Erzählung *Die Entführung* zu finden sind und welche Funktion diese jeweils erfüllen.

Die Figuren eines epischen Textes besitzen bestimmte Merkmale, die ihnen ein eigenes, unverwechselbares Profil geben und sie eindeutig von anderen Figuren unterscheiden. Häufig ist eine Figur nicht bereits zu Beginn auf bestimmte Merkmale festgelegt, sondern sie durchläuft Entwicklungen und Veränderungen (= Figurenkonzeption). In epischen Texten gibt es **Haupt- und Nebenfiguren**. Die Hauptfigur erkennen Sie daran, dass sie im Text oft vorkommt, sie in Beziehung zu den meisten anderen Figuren des erzählten Geschehens steht und ihr die für den Fortgang des Geschehens entscheidenden Handlungen vorbehalten sind.

Bei der **Charakterisierung** der Figuren sollten Sie äußere Merkmale (Geschlecht, Alter, Aussehen, Kleidung etc.), Beruf, Familienstand, Vorgeschichte, Handlungen, Äußerungen, Gedanken und Wertvorstellungen berücksichtigen, insofern der Text Informationen dazu bietet. Der Begriff Figur – im Unterschied zu Person – verweist darauf, dass die Figuren vom Autor erfunden und konstruiert worden sind.

INFO

Figurenkonstellation

Die Figuren in einem epischen Text befinden sich in einem Geflecht von Beziehungen und Abhängigkeiten zueinander. Diese Beziehungen lassen sich nach bestimmten Merkmalen unterscheiden, z. B. nach Generationszugehörigkeit, Geschlechtszugehörigkeit, Verwandtschaft, sozialer Herkunft, Wertorientierung, nach freundschaftlichen oder hierarchischen Beziehungen, nach Freund oder Gegner.

9 Erläutern Sie die Figurenkonstellation in *Die Entführung*.

Die Ich-Erzählerin im Text *Die Entführung* steuert die Trambahn durch Zürich.

INFO

Formen der Charakterisierung

direkte Charakterisierung

- durch den Erzähler, der Figuren im Erzählerbericht vorstellen, beschreiben und bewerten kann
- durch weitere Figuren auf der Handlungsebene, die über die Figur sprechen, sie loben, kritisieren etc.; diese Aussagen sind meist subjektiv gefärbt und vom Leser zu hinterfragen
- durch eine Art der Selbstcharakterisierung der Figur, z. B. in Form der Redewiedergabe

indirekte Charakterisierung

- durch das Äußere der Figur (z. B. Geschlecht, Alter, Aussehen, Kleidung)
- durch die soziale Herkunft und die gesellschaftliche Stellung
- durch die Ausbildung und den Beruf
- durch die Sprache und das Verhalten der Figur selbst
- durch die Reaktionen anderer Figuren

10 Charakterisieren Sie die Hauptfigur in *Die Entführung*. Gehen Sie dabei auch auf ihre Einstellung zu ihrem Beruf ein. Charakterisieren Sie dann Henri.

Arbeitsschritt 4 Sprache und Stil untersuchen

Die Untersuchung der sprachlichen Gestaltung eines Textes trägt zu einem vertieften inhaltlichen Verständnis bei. Nicht das Auflisten unterschiedlicher Befunde ist das Ziel, sondern die **Darlegung eines bestimmten Textverständnisses** durch die Beschreibung der sprachlichen Machart des Textes. Die sprachliche Gestaltung wird unter der Fragestellung betrachtet, mit welchen Mitteln der Text bewirkt, dass Sie ihn auf eine bestimmte Weise verstehen.

Kenntnisse der sprachlich-rhetorischen Stilmittel (vgl. S. 157 ff.) sind Voraussetzung dafür, dass Sie als Beleg für Ihr Textverständnis aus einer Vielzahl von Gestaltungsmitteln die wichtigsten auswählen können. Es geht nicht um Vollständigkeit bei der Beschreibung der sprachlichen Mittel eines Textes, sondern darum, dass Sie zwischen wesentlichen und unwesentlichen Merkmalen unterscheiden können. Nur die sprachlichen Mittel sind relevant, die tatsächlich einen **Einfluss auf die Interpretation** haben. Die sprachliche Gestaltung in den zentralen Abschnitten des Textes ist daher von besonderem Interesse.

Bei der funktionalen Beschreibung der sprachlichen Mittel sollten Sie **leere Phrasen vermeiden** wie „Damit wird die Aussage betont“. Sie können verschiedene sprachliche Mittel miteinander kombinieren, wenn durch diese die gleiche Wirkung erzeugt wird.

11 Erarbeiten Sie die sprachliche Gestaltung und ihre Funktion in der Erzählung *Die Entführung*.

Arbeitsschritt 5 Die Bedeutung des Titels erfassen

Der vom Autor gewählte Titel gibt ebenfalls **Aufschluss über den Sinn** eines epischen Textes. Manchmal taucht der Titel **wörtlich im Text** wieder auf, manchmal steht er **im Kontrast zum Text**. Für die Interpretation kann es hilfreich sein, bereits im Vorfeld beim ersten Lesen eines Textes **Assoziationen, Vorstellungen und Erwartungen zum Titel** zu notieren.

12 Definieren Sie mithilfe von Text 2 den Begriff Entführung. Zeigen Sie auf, inwieweit diese Definition auf Mosers Erzählung *Die Entführung* zutrifft.

Text 2 **Definition: Entführung**

Das deutsche Strafrecht bezeichnet den Tatbestand einer Entführung als eine Straftat, bei der eine oder mehrere Personen gewaltsam verschleppt und unter Zwang an einem unbekannten Ort festgehalten werden. Ziel einer Entführung ist nicht immer, aber häufig die Forderung nach Lösegeld. Opfer und Angehörige werden über das Schicksal des Entführten in vielen Fällen im Unklaren gelassen, womit der Täter eine schwere psychische Traumatisierung aller Beteiligten billigend in Kauf nimmt. Für die Opfer einer Entführung bedeutet die Situation auch die Gefahr, verletzt oder getötet zu werden.

Bei einer Geiselnahme sind die unmittelbar genötigten Personen mehr oder minder zufällig Opfer bei der Tatausführung, da sie sich (z. B. bei einem Bankraub) am Tatort als Angestellte oder Kunden aufhalten. Sie dienen dann entweder als Druckmittel, um die Tat zu befördern, oder sozusagen als „lebende Schutzschilde", um den polizeilichen Zugriff zu verhindern. Im Unterschied zu einer Geiselnahme, bei der das oder die Opfer in der Regel am eigentlichen Tatort festgehalten und vielleicht zusätzlich zur Deckung der Flucht benutzt werden, ist es das Kennzeichen einer Entführung, dass das Opfer unmittelbares und ausgesuchtes Ziel der kriminellen Handlung ist und seine Verbringung an einen anderen (geheimen) Ort bereits ursprünglich zur Tatausführung gehört.

Im kriminologischen Sinne spricht man von Entführung, wenn der Aufenthalt des Opfers unbekannt ist, d. h. das Opfer an einen nur dem Täter bekannten Ort verbracht wurde. Dagegen ist Kennzeichen einer Geiselnahme, dass die Opfer sich an einem der Polizei bekannten Ort befinden, jedoch daran gehindert werden, diesen Ort zu verlassen. Unterschiedliche Motivationen können Täter dazu treiben, einen Menschen gewaltsam zu verschleppen. Häufig ist es der Neid auf finanziell erfolgreiche Personen oder Prominente. Auch die Gier nach schnell verdientem Geld kann ein Beweggrund sein.

Aus: https://www.juraforum.de/lexikon/entfuehrung (Text etwas abgeändert)

Arbeitsschritt 6 Motive erarbeiten und literarische Texte vergleichen

Einen Vergleich durchzuführen heißt, passende **Vergleichskriterien** zu finden, auf die hin die Texte untersucht werden. Oft wird durch die Aufgabenstellung ein Hinweis auf die Schwerpunktsetzung der Interpretation gegeben, woraus Sie Vergleichskriterien für die Texte ableiten können, z. B. in Bezug auf die Erzählperspektive, die Wortwahl oder das zentrale Thema oder Motiv. Manchmal müssen Sie diese auch selbstständig herausfiltern. Sie sollten dann **Gemeinsamkeiten bzw. Ähnlichkeiten und Unterschiede** zwischen den Texten herausarbeiten.

Vergleiche schärfen das **Bewusstsein für die Besonderheit der jeweiligen Texte** und regen zu weiterführenden Fragestellungen an. Das ist insbesondere dann der Fall, wenn Sie überlegen, wodurch Unterschiede zwischen zwei Texten begründet sein könnten, z. B. durch **literaturgeschichtliche Hintergründe** oder gattungsspezifische Gestaltungsmöglichkeiten.

Für den Textvergleich bieten sich zwei Möglichkeiten an: Zuerst behandeln Sie den einen, dann den anderen Text und stellen anschließend den Vergleich an. Oder Sie behandeln den einen Text und dann den zweiten vergleichend mit dem ersten.

13 Lesen Sie das Gedicht *Die Entführung* von Rainer Maria Rilke (Text 3). Erarbeiten Sie, wie das durch den Titel angekündigte Thema umgesetzt wird.

Vorbemerkung: *Das in fünf Strophen mit vier, drei, zwei, eins und neun Versen gegliederte Gedicht von Rilke stellt eine Grenzsituation aus der Sicht einer jungen Frau dar. Die erste Strophe beschreibt das oftmals vorkommende nächtliche Entweichen des Mädchens aus dem Elternhaus. Das Mädchen will die elementaren Erlebnisse unmittelbar erfahren. Neugier und Abenteuerlust veranlassen schließlich die junge Frau, das Elternhaus zu verlassen und sich der Liebe hinzugeben.*

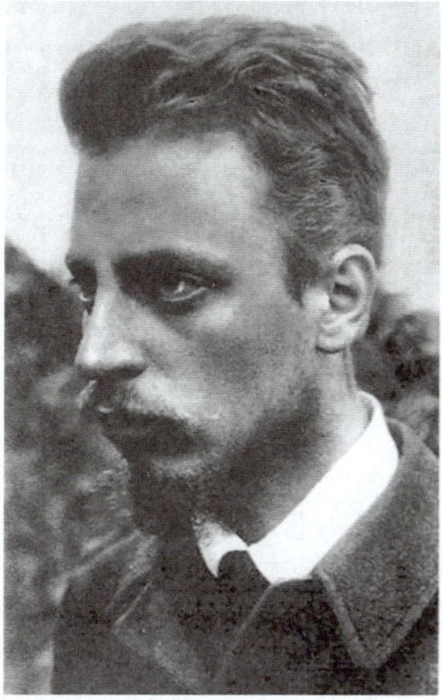

Rainer Maria Rilke lebte von 1875 bis 1926 und war der wohl bedeutendste deutschsprachige Dichter der literarischen Moderne.

Text 3 RAINER MARIA RILKE (1875–1926)
Die Entführung (1908)

Oft war sie als Kind ihren Dienerinnen
entwichen, um die Nacht und den Wind
(weil sie drinnen so anders sind)
draußen zu sehn an ihrem Beginnen;

doch keine Sturmnacht hatte gewiß
den riesigen Park so in Stücke gerissen,
wie ihn jetzt ihr Gewissen zerriß,

da er sie nahm von der seidenen Leiter
und sie weitertrug, weiter, weiter. . . :

Bis der Wagen alles war.

Und sie roch ihn, den schwarzen Wagen
um den verhalten das Jagen stand
und die Gefahr.
Und sie fand ihn mit Kaltem ausgeschlagen;
und das Schwarze und Kalte war auch in ihr.
Sie kroch in ihren Mantelkragen
und befühlte ihr Haar, als bliebe es hier,
und hörte fremd einen Fremden sagen:
Ichbinbeidir.

Aus: Rainer Maria Rilke: Sämtliche Werke. Band 1–6, Band 1, Wiesbaden und Frankfurt a. M. 1955–1966, S. 632–633.

14 Vergleichen Sie Mosers Erzählung *Die Entführung* mit Rilkes gleichnamigem Gedicht hinsichtlich des Motivs „Entführung".

Gemeinsamkeiten	Unterschiede

Arbeitsschritt 7 Epische Texte kontextualisieren

Literarische Texte stehen **in vielfältigen Bezügen zu außertextlichen Zusammenhängen**, zu politischen, gesellschaftlichen, weltanschaulichen und kulturellen Faktoren der Entstehungszeit und zur Biografie des Autors. Dieses Kontextwissen hilft Ihnen, die Texte zu verstehen und zu deuten. Jedoch sollten Sie z. B. **biografische Bezüge nicht als alleinigen Schlüssel** zu einem Text betrachten, sondern nur als einen Zugang neben anderen. Kontextwissen kann nicht immer von Ihnen verlangt werden. Oft werden Ihnen Zusatzmaterialien zur Verfügung gestellt oder Ihnen wird ein Rechercheauftrag erteilt.

15 Lesen Sie die Informationen über Milena Moser. Überlegen Sie, wie sich die Aussagen mit der Erzählung *Die Entführung* in Verbindung bringen lassen.

Text 4 Milena Moser

Milena Moser wurde am 13. Juli 1963 in Zürich geboren. Nach der Diplommittelschule absolvierte sie eine Buchhändlerlehre und schrieb danach für Schweizer Rundfunkanstalten. Sie war Herausgeberin und Begründerin von *Sans Blague – Magazin für Schund und Sünde* (1987–1990). Moser lebt in San Francisco.

Rasch populär wurde sie mit *Das Schlampenbuch* (1992), deren unterhaltsam heruntererzählte Geschichten für viele den Inbegriff des „neuesten Erzählerinnen-Sounds“ darstellen. [...] Mosers Geschichten bieten [...] Witz und Mut zur Groteske. Sie sind voll unbekümmerter Stilbrüche, flapsiger Einwürfe, Schnoddrigkeiten und Banalitäten.

Aus: Stiftung Bibliomedia Schweiz, https://www.bibliomedia.ch/de/fuer-alle/schweizer-autoren-und-autorinnen/autor-im-detail/milena-moser/

Worterklärungen

grotesk (vgl. Z. 8): durch Übersteigerung oder Verzerrung übertrieben, lächerlich wirkend
schnoddrig (vgl. Z. 8 f.): provozierend lässig, großsprecherisch, ohne den angebrachten Respekt

Milena Moser (geb. 1963) verfasst nicht nur Erzählungen, Romane und Ratgeberliteratur, sondern bietet auch Schreibkurse an. Seit 2019 lebt sie in San Francisco / USA.

Arbeitsschritt 8 Interpretationsthese prüfen und Fazit formulieren

Die Interpretationsthese arbeitet das **Wesentliche eines epischen Textes** heraus und stellt einen **Bezug über den Text hinaus** her, z. B. durch Hinweise auf den Einfluss des literaturhistorischen oder zeitgeschichtlichen Hintergrunds, durch die Erläuterung herausstechender formaler oder sprachlicher Gegebenheiten, oder durch die Hervorhebung einer Besonderheit in der Entwicklung der Hauptfigur. Nicht immer sind Texte typisch für eine Epoche oder für den Autor. Mitunter kann es wichtig sein, gerade das **Untypische eines Textes** herauszuarbeiten.

Die **Interpretationsthese** erleichtert Ihnen die Strukturierung der Interpretation. Sie dient Ihnen **als Richtschnur** bei der Entscheidung, welche Aspekte Sie in Ihrem Interpretationsaufsatz thematisieren und welche nicht. So können Sie in Ihrem Aufsatz einen roten Faden konstruieren.

Ihre Interpretationsthese platzieren Sie in Ihrem Aufsatz am besten **am Ende der Einleitung** oder **am Beginn des Hauptteils**. Am Ende des Hauptteils formulieren Sie ein **Fazit**, in dem Sie Ihre erzielten Ergebnisse zusammenfassen und den Bezug zu Ihrer Interpretationsthese herstellen.

16 Formulieren Sie zu Milena Mosers Erzählung *Die Entführung* eine Interpretationsthese sowie ein Fazit.

Mit der Interpretationsthese als rotem Faden können Sie sicher durch das Labyrinth des Textes navigieren.

Arbeitsschritt 9 Einleitung und Schluss verfassen

Für die Einleitung bietet es sich an, das **zentrale Thema oder Motiv** des zu interpretierenden literarischen Textes anhand eines griffigen Beispiels aus Literatur, Film, Geschichte oder Politik zu illustrieren. Durch einen ansprechend formulierten Einstieg („Eyecatcher") schärfen Sie die **Aufmerksamkeit des Lesers**. Die Fokussierung auf den Interpretationsschwerpunkt des Textes bereits an dieser Stelle hilft Ihnen, eine schlüssige Hinführung zu verfassen. Denken Sie daran, die **Aufgabenstellung** aufzugreifen und den Autor, den Titel, die Gattung und die Entstehungszeit des Textes zu nennen.

Im Schlussteil können Sie einen Ausblick auf weiterführende Fragestellungen geben oder auch auf gesellschaftshistorische Bezüge der literarischen Texte – sofern bekannt – eingehen. Wichtig ist, dass Sie den **Übergang** zwischen Einleitung und Hauptteil sowie zwischen Haupt- und Schlussteil so gestalten, dass keine Brüche im Text bestehen.

17 Verfassen Sie eine Einleitung und einen Schluss für Ihre Interpretation.

Arbeitsschritt 10 Die Interpretation überarbeiten

Das Überarbeiten der Interpretation sollte nicht nur dann geschehen, wenn Sie den kompletten Text bereits niedergeschrieben haben, sondern auch schon **während des Schreibprozesses**, z. B. wenn Sie einen längeren Absatz beendet haben. Halten Sie kurz inne und lesen Sie Ihren letzten Absatz. Hilfreich ist es, wenn Sie einen **Rollenwechsel vom Schreiber zum Leser** vollziehen, gedanklich die Leserperspektive einnehmen und **Abstand zu Ihrem eigenen Text** gewinnen. So lassen sich Fehler und Unstimmigkeiten im Hinblick auf den logischen Aufbau, den Inhalt, die sprachliche Richtigkeit und die Rechtschreibung sehr viel leichter wahrnehmen.

Wiederholungen in der Wortwahl oder im Satzbau lassen sich z. B. durch Synonyme oder durch Umstellen von Satzteilen vermeiden. Geschriebenes kann aussagekräftiger und umfassender dargestellt werden, indem Sie wichtige Informationen ergänzen. Sinnvoll sind sämtliche Korrekturen, die Ihren **Text für den Leser verständlicher und nachvollziehbarer machen**. Für das selbstständige Überarbeiten der Interpretation ist auch der Gebrauch einer Checkliste gewinnbringend.

18 Überarbeiten Sie Ihren Interpretationstext anhand der Checkliste zur Interpretation literarischer Texte (vgl. Kapitel 1, S. 23).

Übungen zu Grammatik, Rechtschreibung und Zeichensetzung

INFO

Kohärenz erzeugen

Es gibt sprachliche Mittel, die dem Leser verdeutlichen, dass ein Text einen inneren Zusammenhang hat. Sie werden Kohäsionsmittel genannt. Mittel zur Textkohäsion sind:

1. **Rekurrenz:** Ein bereits wörtlich eingeführter Begriff oder eine Wendung wird genau so, also wörtlich wiederholt.
2. **Ersetzung:** Es werden Synonyme oder Paraphrasen verwendet, die auf denselben Sachverhalt verweisen oder auf ein bereits in den Text eingeführtes Wort.
3. **Syntaktische Verknüpfungen:** Konjunktionen und Pronominaladverbien verbinden Sätze oder Textelemente logisch miteinander.
4. **Pro-Formen:** Mittels Pronomen (z. B. Personal-, Possessiv- oder Demonstrativpronomen), Adverbien und Pronominaladverbien (z. B. darauf, darüber, damit, wonach, worum) wird auf ein bereits eingeführtes Wort bzw. eine bereits eingeführte Wendung verwiesen.
5. **Explizite Textverknüpfung:** Der Text verweist ausdrücklich auf vorangehende oder folgende Textstellen (z. B. „wie bereits erwähnt …“, „die Übersicht im Folgenden zeigt …“).

19 Die folgenden Sätze stehen in einem inhaltlichen Zusammenhang, sind aber nicht miteinander verknüpft. Machen Sie den Text kohärenter, indem Sie diesen mit Kohäsionsmitteln ausstatten.

Text 5 Die Protagonistin in Milena Mosers Erzählung *Die Entführung* bringt das Scheitern ihrer Ehe mit ihrem Beruf in Verbindung. Sie arbeitet „sehr früh morgens oder sehr spät abends“ (Z. 78). Wegen eines Schichttausches kommt sie einmal früher nach Hause. Sie ertappt ihren Mann in flagranti bei einem Seitensprung. Die Geliebte ist die Lehrerin ihrer Tochter. Die Ehe wird geschieden. Die Straßenbahnfahrerin lebt nach der Scheidung allein in der ehemals gemeinsamen Wohnung. Ihre Tochter ist nicht bei ihr geblieben. Ihre Tochter hat sich entschieden, zum Vater zu ziehen. Die Protagonistin leidet unter einem geringen Selbstwertgefühl. Sie lässt sich von den Fahrgästen schlecht behandeln. Sie versucht, es ihnen recht zu machen. Die Fahrgäste trauen ihr als Frau den Beruf der Straßenbahnfahrerin nicht zu. Der Beruf der Straßenbahnfahrerin ist in den Augen der Protagonistin mehr als anspruchslos.

20 Notieren Sie Beispiele für die Schreibung von Zahlwörtern, Zeitangaben und Herkunftsbezeichnungen aus der Erzählung *Die Entführung* von Milena Moser (vgl. Kapitel 1, S. 19).

INFO

Ein wichtiger Unterschied: „das“ und „dass“

Die **Relativpronomen** „der“, „die“, „das“ (oder „welcher“, „welche“, „welches“) **leiten Relativsätze ein** und beziehen sich auf ein Nomen im Hauptsatz. Ein Relativsatz wird durch Komma(s) vom übergeordneten Satz, der das Bezugswort enthält, abgetrennt.
Mit der **Konjunktion „dass“** wird meist ein Nebensatz eingeleitet. Diese Konjunktion bezieht sich häufig auf ein (vorausgehendes) Verb, z. B. „wissen“, „meinen“, „sagen“, „behaupten“, „vermuten“, „denken“, „hoffen“, „bedauern“ usw. Zwischen Haupt- und Nebensatz steht ein Komma.
Wenn Sie unsicher sind, ob Sie „das“ oder „dass“ verwenden müssen, führen Sie die **Ersatzprobe** mit „dieses“ oder „welches“ durch.

21 Kennzeichnen Sie Relativsätze und „dass“-Sätze in der Erzählung *Die Entführung* von Milena Moser.

Sachtexte analysieren und erörtern

Sachtexte spielen im Unterricht aller Fächer eine herausgehobene Rolle. Sie sind das zentrale **Mittel der Wissensvermittlung** und beschäftigen sich folglich mit bestimmten fachbezogenen Inhalten. Mithilfe von Sachtexten wird Expertenwissen so aufbereitet und dargestellt, dass es auch **für Nicht-Experten verständlich** ist. Sachtexte bemühen sich um Verständlichkeit und setzen hierfür auch **nicht-lineare bzw. diskontinuierliche Formen,** z. B. Tabellen, Abbildungen, Bilder, Grafiken oder Diagramme, ein.
Im Deutschunterricht beschäftigen sich Sachtexte mit dem Gegenstandsbereich des Fachs, also im weitesten Sinne mit **sprachlichen, literarischen, medialen oder kommunikativen Themen.** Ihre Hauptfunktion besteht in der Darstellung von Informationen zu bestimmten Ereignissen, Personen, Sachverhalten und Gegenständen aus der Realität. Sachtexte können auch die Ausführung einer bestimmten Handlung bewirken oder zur Meinungsbildung anregen.

Annäherung an das Thema

1 Betrachten Sie sowohl das Panel auf der Anfangsseite zu diesem Kapitel sowie die drei Panels aus dem Reisebuch *Venedig* (2017) des japanischen Künstlers Jirō Taniguchi (1947–2017). Äußern Sie Vermutungen dazu, was die jeweiligen Panels zum Ausdruck bringen wollen.

Einen Sachtext analysieren und erörtern

Arbeitsschritt 1 Vorwissen aktivieren und Erwartungen formulieren

Die Überschrift eines Sachtextes benennt **wesentliche Textinhalte** zumeist auf abstrakterer Ebene, als das im Text geschieht. Nach dem Lesen der Überschrift und vor dem eigentlichen Lesen des Textes ist es daher hilfreich, kurz innezuhalten und zu überlegen, was Sie selbst schon über das in der Überschrift genannte Thema wissen, welche Textinhalte Sie aufgrund der Überschrift erwarten oder was Sie aus dem Text erfahren wollen. Wenn Sie sich vor der eigentlichen Informationsentnahme **eigene Gedanken zum Thema** machen, fällt es Ihnen leichter, den Text kritisch zu lesen.

2 Der Text *Geht nach Hause!* von Jochen Temsch (Text 1) ist in der Wochenendausgabe der Süddeutschen Zeitung unter dem Schlagwort „Massentourismus" erschienen. Notieren Sie, was Ihnen zu diesem Thema einfällt.

INFO

zur Erscheinungsform und Intention von Sachtexten

Sachtexte werden auch **nicht fiktionale** oder **pragmatische Texte** genannt. Im Unterschied zu literarischen Texten beziehen sie sich auf Personen, Gegenstände, Sachverhalte oder Ereignisse der realen Welt. Sachtexte erscheinen als **kontinuierliche** (= fortlaufende) bzw. lineare Texte oder als **diskontinuierliche** (= fortlaufende) bzw. nicht-lineare Texte, z. B. Diagramme, Karten, Tabellen oder Schaubilder.

Sachtexte haben im Unterschied zu fiktionalen Texten einen pragmatischen Zweck. Dabei kommen in einem Text häufig verschiedene Intentionen zum Tragen, es lassen sich jedoch Schwerpunkte bestimmen:

Textintention	kommunikative Funktion	Textsorten
informativ	deskriptiv (Sachbezug)	wissenschaftlicher Text, Lexikonartikel, Meldung, Nachricht, Bericht
überzeugend, argumentativ	appellativ und deskriptiv (Adressaten- und Sachbezug)	Kommentar, Rezension, Essay
überredend, beeinflussend	appellativ (Adressatenbezug)	Werbung, Rede
expressiv	expressiv (Selbstausdruck)	Tagebuch, persönlicher Brief

Die Intention eines Textes steuert Auswahl und Darstellung der Inhalte, die Art der Argumentation den Aufbau des Textes und die Sprache. Sie bildet darum den roten Faden durch die Textanalyse. Textsorten wiederum steuern auf jeweils unterschiedliche Weise die Erwartungen der Adressaten. Manche Sachtexte, z. B. eine Glosse oder Werbeanzeige, können erst vor dem Hintergrund ihrer Zugehörigkeit zu einer Textsorte angemessen verstanden werden. **Textsortenwissen hilft daher beim Lesen und Verstehen eines Sachtextes.**

3 Äußern Sie Ihre Vermutungen über die Autorenintention angesichts der Überschrift *Geht nach Hause!*.

Arbeitsschritt 2 Sich einen Überblick über den Sachtext verschaffen

Die sog. **W-Fragen** (wer – wann – wo – was – wie – warum?) helfen, einem Sachtext die Informationen über ein Ereignis und seine Hintergründe zu entnehmen und dabei nichts Wichtiges zu überlesen. Nicht immer werden alle W-Fragen beantwortet. Sinnvoll ist es, die einzelnen Fragen zu gewichten und zu überlegen, welche für die Auswertung des Textes am wichtigsten sind.

In vielen Sachtexten geht es um die **Darstellung eines strittigen Sachverhalts.** In der Regel werden dabei folgende Fragen angesprochen:

- Um welches Thema / um welches Problem / um wen geht es?
- Was sind die wichtigsten Aussagen zu diesem Thema / zu diesem Problem/ zu dieser Person? Wie kommt der Autor zu diesen Aussagen? Wie werden die Aussagen begründet?
- Welche Schlussfolgerung / Bilanz zieht der Autor?

Indem Sie die Fragen beantworten, zwingen Sie sich, die wesentlichen Aussagen des Textes **mit eigenen Worten** wiederzugeben. Das erleichtert Ihnen den Einstieg in die inhaltliche Arbeit am Thema.

Touristen am Markusplatz in Venedig / Italien

4 Lesen Sie den Text *Geht nach Hause!* von Jochen Temsch (Text 1) und werten Sie den Text mithilfe von Fragen aus (siehe Arbeitsschritt 2).

Text 1 JOCHEN TEMSCH

Geht nach Hause! (2017)

Die Wanne ist voll. Die Sommerurlauber haben sich in diesem Jahr in wenigen Ländern geballt. Weil die Türkei, Tunesien und Ägypten als Urlaubsziele für viele nicht mehr in Frage kommen, gab es einen Massenansturm auf Orte im westlichen Mittelmeer. Spanien ist ausgebucht und bricht alle Rekorde. Bereits im ersten Halbjahr reisten 36,3 Millionen Ausländer an, so viele wie nie zuvor, noch einmal zwölf Prozent mehr als im Vorjahr. Da prallten allein auf den Balearen-Inseln Mallorca, Menorca, Ibiza, Formentera und Cabrera 13 Millionen Touristen auf 1,1 Millionen Einwohner. Der Tourismusminister der Balearen, Biel Barceló, mahnte schon im Juni: „Wir haben keinen weiteren Platz für Touristen." Aber selbst dieser Sommer der Superlative ist auf Mallorca im Endspurt noch steigerungsfähig.

Erstmals in dieser Saison lagen am vergangenen Wochenende fünf riesige Kreuzfahrtschiffe gleichzeitig im Hafen von Palma. Die schwimmenden Hotelanlagen entließen zusammen 20 000 Passagiere zum Landgang in die Altstadt. Café- und Souvenirshopbesitzer freuten sich über die Flut potenzieller Kunden. Weniger glücklich waren Umweltschützer, etwa vom Naturschutzbund Deutschland (Nabu), der immer wieder auf die Gesundheitsgefahren durch ungefiltertes Schweröl hinweist, das die Kreuzfahrtschiffe verbrennen. Mitte August hatte der Nabu die Feinstaubbelastung im Hafen Palmas gemessen: Durch die Ankunft von nur zwei Schiffen hatte sich die Anzahl der Partikel pro Kubikzentimeter Luft fast verfünfzigfacht.

Kritik am Massentourismus ist so alt wie das Urlaubmachen selbst. Der Publizist Hans Magnus Enzensberger beschrieb bereits 1958 in seinem Aufsatz „Vergebliche Brandung in der Ferne", dass die Flucht aus der industriellen Arbeitswelt ins Traumreich des Urlaubs schon deshalb zum Scheitern verurteilt sei, weil der Tourismus selbst industriell organisiert ist.

Heute steht oft das schlechte Benehmen der Urlauber im Fokus. In Italien fragte die Tageszeitung Corriere della Sera: „Ist das der rüpelhafteste Sommer aller Zeiten?" Vorausgegangen war eine landesweite Erregung über Kirchenbesucher in Bikini und Flipflops, Kopfsprünge in die Kanäle von Venedig und Nacktbader im Trevi-Brunnen in Rom.

Solche Klagen werden in Zukunft wohl kaum weniger werden. Die Reisebranche feiert ein Rekordjahr nach dem anderen, besonders kräftig legen Städte- und Kurzreisen sowie Kreuzfahrten zu. Die Welttourismusorganisation UNWTO zählt 1,2 Milliarden Reisen weltweit pro Jahr, bis zum Jahr 2030 sollen es 1,8 Milliarden werden.

Neu ist jedoch, wie der Widerstand gegen die Urlauber an beliebten Orten wächst. In Palma gingen Hunderte Mitglieder der Bürgerinitiative „Ciutat per a qui l'habita, no per a qui la visita" („Stadt für die Bewohner, nicht für die Besucher") auf die Straße, um gegen den Ausverkauf ihrer Heimat zu demonstrieren. Die Organisation veröffentlichte ein Manifest. Darin kritisiert sie, wie Souvenirläden und Franchise-Ketten die Tante-Emma-Läden für den täglichen Bedarf verdrängten und die Menschen in Angst davor lebten, aus Wohnung und Nachbarschaft vertrieben zu werden. In Venedig kann man längst besichtigen, wohin die Entwicklung schlimmstenfalls führt: 54 000 Einwohner harren noch im historischen Zentrum aus und werden pro Jahr von 25 bis 35 Millionen Touristen überrannt, die Wellen der Kreuzfahrtschiffe rütteln an den Fundamenten der Stadt.

Für Antje Monshausen, die Leiterin der „Tourism Watch" des Hilfswerks „Brot für die Welt", die sich für nachhaltigen Tourismus einsetzt, ist der friedliche Protest der Einheimischen Notwehr. Sie sagt: „Die Zivilgesellschaft organisiert sich, um wieder mitreden zu können." Der Massentourismus entwickle sich zu schnell für Entscheidungen auf politischer Ebene – bevor vernünftige Rahmenbedingungen geschaffen würden, stünden die Menschen bereits vor vollendeten Tatsachen.

Die Wut darüber radikalisiert aber auch manche. Mitte Juli protestierte eine linke Jugendorganisation mit Bengalos in einem Restaurant in Palma. Ähnliche Szenen gab es – vor dem Anschlag – in Barcelona, wo 1,6 Millionen Einwohner pro Jahr mit acht Millionen Besuchern klarkommen müssen. Das sind dreimal mehr als Anfang der Neunzigerjahre. In der Altstadt hängen Bettlaken mit der Aufschrift „Tourist go home" von den Balkonen des strandnahen, ehemaligen Arbeiterviertels Barceloneta, das bei Touristen besonders beliebt ist. Einwohner bildeten eine Menschenkette am Strand und hinderten Touristen am Zugang zum Meer. Vermummte stoppten einen Sightseeing-Bus, zerstachen die Reifen und sprühten auf die Windschutzscheibe: „Tourismus tötet die Stadtviertel."

Schädlich für die Umwelt, tödlich für die Stadtviertel, zum Davonlaufen für die Einwohner – das bezeichnet der in diesem Sommer häufig gefallene Begriff „Overtourism". Billigflieger und Vermieter privaten Wohnraums, die Portale wie Airbnb nutzen, sind als Hauptübeltäter ausgemacht. Durch sie kommen Besuchermassen in die Städte, die Mieten steigen und werden für die Einheimischen unerschwinglich, die Viertel verändern sich.

Ausgerechnet die scheinbaren Individualisten, die gerne auf Pauschaltouristen herabschauen, in Privatwohnungen absteigen und sich davon authentische Erlebnisse erhoffen, stören das Alltagsleben. Stadtforscher wie der Spanier Paolo Russo sagen, die Probleme zwischen Besuchern und Besuchten entstünden erst durch das alltägliche Zusammenleben. Touristenzentren, etwa an der Costa Brava oder auf den Kanaren, hätten dagegen Zonen geschaffen, in denen die Touristen unter sich blieben – und niemanden störten. Das Leben der Einheimischen findet anderswo statt. Dort, wo jetzt die zahlungskräftigen Kurzmieter einziehen. Der Tourismusforscher Jeroen Oskam sagt: „In Berlin haben 2016 eine Million Airbnb-Besucher geglaubt, nicht Teil einer Masse zu sein." Tourismuskritiker bekommen immer wieder zu hören, man dürfe nicht die Hand beißen, die einen füttert. Allein in Barcelona hängen 120 000 Arbeitsplätze am Fremdenverkehr. Doch die Einnahmen sind ungleich verteilt, die Jobs oft saisonal und prekär.

Politische Entscheidungen zur Eindämmung des Overtourism wirken hilflos: Es gibt strengere Regeln bei der Vermietung von Privatwohnungen, Bußgelder, Baustopps. Auch skurrile Maßnahmen: Nachdem Touristen im Jahr 2014 so viele Liebesschlösser am historischen Pont des Arts in Paris angebracht hatten, krachte ein Teil der Brücke zusammen. Heute verunziert sie Plexiglas – zum Schutz vor Schlössern.

Die Urlaubslaune vergeht dabei kaum jemandem. Drei Tage nach dem Rekordbesuch der fünf Kreuzfahrtschiffe in Palma, legten diese Woche erneut Schiffe an: wieder fünf auf einmal.

Aus: Thema der Woche. „Massentourismus". 2./3. September 2017. Süddeutsche Zeitung, Nr. 202. S. 2

5 Gliedern Sie den Text *Geht nach Hause!* zunächst grob in Einleitung, Hauptteil und Schluss und begründen Sie Ihre Unterteilung.

Arbeitsschritt 3 Verständnisschwierigkeiten klären

Um sich intensiver mit einem Text auseinanderzusetzen, sollten Sie zunächst feststellen, welche Ausführungen Ihnen nicht ganz klar sind, in welchen Punkten Sie widersprechen möchten und über welche Textstellen Sie noch einmal nachdenken müssen. Sie können dafür **spontane emotionale Reaktionen** am Seitenrand festhalten. Arbeiten Sie auch mit **Zeichen und Abkürzungen, mit Markierungen oder Unterstreichungen.**

Verständnisschwierigkeiten beim Lesen von Sachtexten können natürlich auch im sprachlichen Bereich auftreten, wenn beispielsweise **unbekannte Wörter, Eigennamen oder Fremdwörter** verwendet werden. Nicht immer müssen Sie diese in einem Wörterbuch nachschlagen. Einige dieser Wörter können Sie sich auch **aus dem Kontext erschließen.** Bei vielen Texten werden schwierige Begriffe in Fußnoten nach dem Text kurz erläutert.

6 Erklären Sie die folgenden Begriffe und schlagen Sie ggf. in einem Wörterbuch nach.

Begriff	Erklärung
industrielle Arbeitswelt (Z. 24 f.)	
rüpelhaft (Z. 28)	
Bürgerinitiative (Z. 38)	
Franchise-Ketten (Z. 42)	
Zivilgesellschaft (Z. 51)	
Bengalos (Z. 57)	
prekär (Z. 85)	
skurril (Z. 88)	

Arbeitsschritt 4 Sachtexte untergliedern und Überschriften formulieren

Nachdem Sie sich einen Überblick verschafft haben, sollten Sie den Text **ein zweites Mal gründlich lesen.** Nutzen Sie die Abschnitte des Textes zur Verständniskontrolle. Halten Sie nach jedem Abschnitt kurz inne und fragen Sie sich: Worum ging es hier? Was hat dieser Abschnitt Neues gebracht?

Bei längeren Textabschnitten kann es sein, dass mehrere neue Gedanken entwickelt werden. In diesem Fall ist es sinnvoll, den Abschnitt durch ein Absatzzeichen noch einmal zu untergliedern. Anschließend markieren Sie **wichtige Schlüsselwörter.** Man kann sich nur selten auf „die“ Schlüsselbegriffe einigen, doch sollten Sie sparsam unterstreichen, mit dem Ziel, dass die Textaussage klarer hervortreten und der Text übersichtlicher werden soll.

Zu jedem Abschnitt sollten Sie eine **knappe, zutreffende Überschrift** formulieren. Der Autor kann **über mehrere Abschnitte hinweg die gleiche argumentative Absicht** verfolgen, sodass nicht jeder Textabschnitt ein Sinnabschnitt sein muss. Fassen Sie in diesem Fall die entsprechenden Abschnitte zusammen.

7 Unterteilen Sie den Text *Geht nach Hause!* in Sinnabschnitte und geben Sie diesen jeweils eine aussagekräftige Überschrift.

Abschnitt	Überschrift
Z. 1–21	Massenansturm von Touristen auf Urlaubsorte im westlichen Mittelmeer
Z. 22–36	Kritik am Massentourismus früher und heute

Arbeitsschritt 5 Die argumentative Struktur des Textes erfassen

Um die argumentative Struktur eines Textes zu erfassen, ist es wichtig, auf **Signalwörter im Text** zu achten. Eine entscheidende Rolle spielen hierbei Ausdrücke, die den Text strukturieren, die Textelemente **nach ihrer Bedeutung** ordnen (*an erster Stelle, schließlich, nicht zuletzt*), in eine **zeitliche Abfolge** bringen (*früher, später, seitdem*), **nähere Ausführungen** (*wobei, im Einzelnen, beispielsweise*) oder **Erweiterungen** (*auch, darüber hinaus, außerdem*) ankündigen.

Ebenso wichtig sind **Konjunktionen und Adverbien,** die z. B. einen Grund (*da, weil, denn darum, daher*), einen Gegensatz (*aber, jedoch, hingegen*) oder eine Einschränkung (*allerdings, obwohl, wenn auch*) einleiten.

Die Argumentation in einem Text soll eine bestimmte Sichtweise gegenüber anderen auch möglichen Sichtweisen plausibel machen und den Leser von ihr überzeugen. Stellen Sie sich bei der Analyse die Frage: Wie wird der Leser für die Sache gewonnen? Die Rhetorik kennt eine Vielzahl von **Argumenttypen.** Für die Sachtextanalyse sind die geläufigsten ausreichend (vgl. S. 85).

Ein **vollständiges Argument** besteht aus den folgenden drei Elementen: Behauptung – Begründung – Beleg. Nur wenn ein Argument diese Bestandteile aufweist und diese jeweils korrekt und plausibel ausgeführt sind, hat ein Argument eine gewisse **Überzeugungskraft.** Wenn Sie diese Dreiteilung beachten, können Sie Schwachstellen in einer Argumentation entdecken.

Eine **Behauptung** ist eine These, von der der Leser überzeugt werden soll.

Eine **Begründung** ist eine logische und nachvollziehbare Erklärung für eine Behauptung.

Ein **Beleg** ist ein konkretes Beispiel, das die Behauptung und die Begründung im konkreten Einzelfall veranschaulicht.

8 Markieren Sie im Text *Geht nach Hause!* Gliederungssignale, Strukturwörter bzw. Bestandteile der Argumentation, die für das Textverständnis wichtig sind. Notieren Sie deren Funktion und nutzen Sie dafür die folgenden Formulierungen.

FUNKTIONEN

Absicht • Aufzählung • Bedingung • Begründung • Beispiel • Einschränkung • Erläuterung • Folge • Gegensatz • Gegenüberstellung • Gleichzeitigkeit zweier Vorgänge • Verweis auf vorher genannten Grund • Vergleich

INFO
Argumenttypen

Argumenttyp	Funktion	Beispiel
Faktenargument	Der Autor zieht zur Unterstützung der These überprüfbare Tatsachen heran.	„Heute reisen laut der Welttourismusorganisation UNWTO jährlich 1,3 Milliarden Menschen, bald wird jeder fünfte Erdbewohner unterwegs sein.“[1]
Normatives Argument	Der Autor führt Wertmaßstäbe (Normen, Moralvorstellungen, Ansichten) an, die verbreitet und allgemein akzeptiert sind.	„Politiker und Touristiker dürfen nicht nur an die Zahl der Besucher, sondern müssen auch an die Besuchten denken. Ohne zufriedene Gastgeber gibt es keine zufriedenen Gäste.“[2]
Autoritätsargument	Der Autor beruft sich auf eine Person/Instanz (z. B. Wissenschaftler), die für die Thematik eine Autorität darstellt, also besonders anerkannt ist.	„Unesco-Experten haben berechnet, dass das historische Areal von Dubrovnik nur 8 000 Besucher auf einmal verträgt. Bis zu 10 000 sind es bislang.“[1]
Analogisierendes Argument	Der Autor zieht ein Beispiel aus einem anderen Lebensbereich heran, das auf den eigentlichen Sachverhalt übertragbar ist.	„Die Entwicklung des Tourismus ist eine Erfolgsgeschichte, die nur mit dem Triumphzug des Autos ‚in die Garagen und Herzen‘ zu vergleichen ist.“[3]
Indirektes Argument	Der Autor greift ein Argument der Gegenseite auf und entkräftet dieses, um die eigene These plausibel erscheinen zu lassen.	„Viele Geschäftsleute sehen nicht ein, dass sie heute vielleicht weniger verdienen müssen, um morgen überhaupt noch Gäste zu bekommen.“[1]

Quellen:
1: J. Temsch: Freiheit für Dubrovnik. SZ, Nr. 263 vom 15. November 2018. S. 29
2: J. Temsch: Zufriedene Gastgeber, https://www.sueddeutsche.de/reise/kommentar-zufriedene-gastgeber-1.4210376
3: Matthias Drobinski: Reisen neu lernen. Süddeutsche Zeitung vom 18. 07. 2007, https://www.sueddeutsche.de/reise/reisen-neu-lernen-so-gut-wie-weg-1.773921

9 Legen Sie die unterschiedlichen Argumenttypen dar, die Jochen Temsch in seinem Text *Geht nach Hause!* verwendet.

10 Vervollständigen Sie die folgenden Aussagen auf sinnvolle Weise.

Jochen Temsch verdeutlicht in seinem Text *Geht nach Hause!* ________________ ________________________________. Er weist darauf hin, dass bereits früher der Tourismus als vergeblicher Ausweg aus der Berufswelt kritisiert wurde. Eine neuere Erscheinung dabei ist ________________________________.
Er führt ____________________ an, wobei er auch die radikalen Auswüchse nicht ausklammert. Als Hauptgründe für den Overtourism nennt er ________________________________. Politische Entscheidungen zur Eindämmung des Overtourism schätzt er als ____________________ ein.

INFO

Formulierungsbausteine: Argumentationsgang analysieren

- **Ausgangspunkt eines Gedankengangs**
  Zu Beginn stellt der Autor die These auf, dass … – stellt die Frage, … – stellt fest, dass … – veranschaulicht den Sachverhalt an … – nimmt an, dass … – behauptet, dass … – sagt voraus, dass … – fordert – befürwortet – definiert – informiert …
- **Weiterführung eines Gedankengangs**
  Im weiteren Verlauf verdeutlicht der Autor, dass … – verweist auf … – Im Anschluss daran … – Im Folgenden unterstreicht/stellt fest/behauptet er … – untermauert seinen Standpunkt … – ergänzt, führt einen Sachverhalt aus – stellt Zusammenhänge her – problematisiert – stellt die Gegenbehauptung auf, … – stellt die Gegenfrage – schränkt ein, dass … – führt als Beispiel an, dass … – beruft sich auf – stellt eine Analogie auf zu … – weist auf die Folgen hin…
- **Abschluss des Gedankengangs**
  Der Autor … fasst zusammen – hält als Ergebnis fest, dass … – zieht daraus den Schluss, dass … – fordert zum Schluss auf, dass … – appelliert schließlich / zuletzt …

11 Erarbeiten Sie anhand des Textes den Argumentationsgang des Autors.

Arbeitsschritt 6 Die sprachlich-stilistische Gestaltung untersuchen

Nachdem Sie die Argumentationsstruktur des Textes erarbeitet haben, folgt nun die sprachliche Analyse. Empfehlenswert ist, diese in einem eigenen Punkt abzuhandeln. Sie sollten dabei nicht textchronologisch Stilmittel für Stilmittel abhaken, sondern sich auf **aussagekräftige Passagen** beschränken und **den funktionalen Zusammenhang zwischen Absicht und Darstellungsform aufzeigen.**

Überlegen Sie beispielsweise bei der Verwendung von bildhaften Ausdrücken (z. B. „Die Wanne ist voll.“, Z. 1), warum der Autor gerade auf diesen Bildbereich indirekt verweist (*Badewanne, Baden, Sommerurlaub*). Achten Sie auf die in einem Begriff mitschwingenden positiven (*Erholung*) und negativen (*Überlaufen der Wanne, Overtourism*) **Konnotationen.**

Hilfreich ist auch, sich den Publikationsort des Textes (z. B. Boulevardzeitung, Wochenzeitung, Fachzeitschrift) in Erinnerung zu rufen, um **Rückschlüsse auf die Adressaten** zu ziehen. Der Text *Geht nach Hause!* ist in der Wochenendausgabe der Süddeutschen Zeitung erschienen. SZ-Leser kommen für gewöhnlich aus eher gehobenen Bildungs- und Einkommensschichten.

INFO

Formulierungsbausteine: sprachlich-stilistische Gestaltungsmittel

- *Der Autor bedient sich eines überwiegend sachlichen Stils. Dies wird unter anderem deutlich, wenn er …*
- *Er wendet sich direkt an die Leser, um …*
- *Er bemüht sich um die Zustimmung des Lesers durch …*
- *Durch die häufige Verwendung von Konjunktionen am Satzanfang erweckt er den Eindruck, dass …*
- *Mehrere sprachliche Bilder veranschaulichen sein Anliegen …*
- *Dieses Bild weckt beim Lesen die Assoziation …*
- *Der Autor erreicht ein hohes Maß an Anschaulichkeit durch Beschreibungen von …*
- *Er vermittelt Sachkompetenz durch Anführen von Expertenwissen, auch in Form von Zitaten … – unterstreicht das Themenspezifische mithilfe von Anglizismen und Fremdwörtern*
- *Er setzt den Schwerpunkt auf … durch die Häufung der Schlüsselbegriffe …*
- *Er entkräftet die Gegenargumente durch Konjunktive und durch relativierende Formulierungen*
- *Er bemüht sich um Differenzierung in der Auseinandersetzung durch rhetorische Fragen und durch den Gebrauch von Antithesen …*

12 Erläutern Sie die Wirkungsabsicht ausgewählter sprachlich-stilistischer Mittel im Text *Geht nach Hause!*.

Arbeitsschritt 7 Sich mit der Position des Autors auseinandersetzen

Nach der Analyse des Sachtextes folgt die Erörterung oder Stellungnahme, in der Sie sich – meistens unter einem bestimmten in der Aufgabenstellung genannten Aspekt – **kritisch mit der Argumentation des Sachtextes auseinandersetzen.** Sie können hier auf Ihre Analyseergebnisse aufbauen. Dafür ist es hilfreich, sich in einem ersten Schritt noch einmal die Thesen des Autors zu vergegenwärtigen und aufzulisten.

13 Ergänzen Sie die folgende Tabelle zu den Folgen des Massentourismus.

Positive Folgen des Massentourismus	Negative Folgen des Massentourismus
• Erhöhung des Lebensstandards der einheimischen Bevölkerung (Z. 15)	• Kreuzfahrtschiffe als Verursacher von Umweltverschmutzung durch Feinstaub, Stick- und Schwefeloxide (Z. 16 ff.)
•	•
•	•
•	•

Arbeitsschritt 8 Eine eigene Position entwickeln

Anschließend sollten Sie die Argumente des Autors bewerten, unabhängig davon, ob Sie diesen widersprechen oder – evtl. auch nur teilweise – zustimmen möchten. Fragen Sie nach **Schwachstellen, Widersprüchen oder Leerstellen in der Argumentation.** Überlegen Sie, welche Argumente weiter ausdifferenziert oder sogar grundsätzlich infrage gestellt werden sollten.

Sie sollen aber nicht nur Gesichtspunkte des Ausgangstextes thematisieren, sondern auch **neue, eigenständige Gedanken** miteinfließen lassen. Ausgehend von der Argumentation des Autors sollen Sie einen **eigenen Standpunkt entwickeln.** Es kann z. B. nützlich sein, einen Blick auf das Erscheinungsjahr des Textes zu werfen und zu überlegen, ob sich seit der Veröffentlichung des Textes **interessante Entwicklungen** ergeben haben. Beziehen Sie zum anderen **eigene Erfahrungen und eigenes Wissen** in Ihre Argumentation mit ein. Damit zeigen Sie, dass Sie Allgemeinwissen haben und die gesellschaftliche Bedeutung von Themen beurteilen können.

14 Bewerten Sie Temschs Argumente nach ihrer Aussagekraft mithilfe einer Skala: volle Zustimmung (5), Zustimmung (4), neutral (3), Ablehnung (2), volle Ablehnung (1). Wählen Sie dann aus, auf welche Argumente des Autors Sie in Ihrer Erörterung genauer eingehen wollen.

15 Sammeln Sie weitere Argumente und Beispiele zum Thema „Massentourismus", die im Text von Temsch nicht genannt werden.

INFO

Aufbau der eigenen Stellungnahme

Listen Sie bei der Ausarbeitung Ihrer eigenen Position die Argumente nicht unzusammenhängend auf, sondern achten Sie auf einen sinnvollen Aufbau. Und anstatt möglichst viele Argumente zu produzieren, beschränken Sie sich auf wenige gute.

Folgende **Strukturierungsmöglichkeiten** bieten sich an:

- **Linearer Aufbau:** Sie reihen die Argumente für Ihre Position aneinander. Dabei sollten Sie auch mögliche Gegenargumente entkräften. Sie können das stichhaltigste Argument am Schluss anführen, sodass sich eine Steigerung ergibt.
- **Sanduhr-Prinzip** (Pro- und Kontra-Aufbau in Blöcken): Sie führen zuerst die Argumente an, die Ihrer eigenen Position widersprechen. Es folgen die Argumente, die die Gegenposition entkräften und die eigene Position bestärken. Das stichhaltigste Argument kommt zum Schluss.
- **Pingpong-Prinzip** (fortlaufender antithetischer Pro- und Kontra-Aufbau): Sie führen die Argumente für und gegen Ihre Position im Wechsel an, wobei die Gegenposition immer sofort entkräftet werden kann.

Anschließend sollten Sie das **Ergebnis** Ihrer Auseinandersetzung **in einem Fazit zusammenfassen.** Formulieren Sie Ihren Standpunkt deutlich für die Pro- oder Kontra-Position. Sie können auch eine Einschränkung formulieren, d. h. Sie entscheiden sich nur unter bestimmten Voraussetzungen für die eine oder andere Position.

Arbeitsschritt 9 Einleitung und Schluss verfassen

Ihre Einleitung muss **zum Thema hinführen:** Sie können von eigenen Erfahrungen berichten oder aktuelle Informationen zum Thema liefern. In Bezug auf Massentourismus könnten Sie z. B. darauf hinweisen, dass die Stadt Venedig seit 2020 ein Eintrittsgeld von Tagesbesuchern verlangt. Leiten Sie am Ende Ihrer Einleitung zur Themafrage über und nennen Sie **Autor, Textsorte, Titel, Erscheinungsdatum und den Publikationsort** des Textes sowie das Thema.

Für den Schluss bieten sich folgende Möglichkeiten an: Sie geben einen **Ausblick auf weitere Fragen zu diesem Thema** oder Sie sprechen eine **Empfehlung** aus, z. B. Ideen, wie man nachhaltigen Tourismus durch eigene Reiseentscheidungen unterstützen kann.

INFO

Journalistische Textformen der Meinungsäußerung

- **Reportage:** informiert über ein spezielles Ereignis oder ein Geschehen und bezieht persönliche Wahrnehmungen der betroffenen Personen und des Autors mit ein, um dieses den Lesern auch emotional nahezubringen
- **Kommentar:** argumentativ vorgetragene Meinung einer Autorin/eines Autors zu einem (tages-)aktuellen Sachverhalt, über den in den Medien bereits berichtet wurde
- **Glosse:** kurzer, stark zuspitzender Meinungsbeitrag, in dem Wert gelegt wird auf pointierte Formulierungen, Wortspiele und rhetorische Mittel; oft heiter-ironischer Grundton

16 Bestimmen Sie die journalistische Textsorte von Temschs *Geht nach Hause!*. Formulieren Sie dann eine Einleitung und einen Schluss.

Arbeitsschritt 10 Analyse und Erörterung ausformulieren

Führen Sie sich Ihre Ergebnisse zu den verschiedenen Arbeitsschritten noch einmal vor Augen und fertigen Sie anschließend die Niederschrift an. Denken Sie an geeignete **Überleitungen** zwischen den verschiedenen Arbeitsschritten, um die **innere Gliederung** Ihrer Analyse und Erörterung zu verdeutlichen. Beachten Sie stets die Regeln der **Rechtschreibung** und **Zeichensetzung** sowie der **Zitiertechnik.**

17 Verfassen Sie nun Ihre Analyse und Erörterung. Die Aufgabenstellung lautet:

a) Analysieren Sie, wie Jochen Temsch seine Position zum Massentourismus entwickelt. Berücksichtigen Sie dabei auch ausgewählte sprachliche Mittel.
b) Erörtern Sie, inwiefern Temschs Kritik am Massentourismus berechtigt ist. Beziehen Sie dabei eigene Erfahrungen mit ein.

18 Überprüfen Sie Ihre Analyse und Erörterung, indem Sie die folgende Checkliste ausfüllen. Überarbeiten Sie Ihren Aufsatz.

Checkliste zur Analyse und Erörterung eines Sachtextes

10 = voll erfüllt / 0 = gar nicht erfüllt	▼	Verbesserungsideen
Fragen		
• Habe ich in der Einleitung zum Thema hingeführt?		
• Habe ich in der Einleitung Autor, Titel, Textsorte, Erscheinungsdatum und Publikationsort des Textes genannt?		
• Habe ich die wesentlichen Aussagen des Textes in eigenen Worten wiedergegeben?		
• Habe ich den Argumentationsgang des Autors präzise und nachvollziehbar analysiert?		
• Habe ich Sprache und Stil des Textes im Zusammenhang mit der Autorenintention analysiert?		
• Habe ich Schwachstellen, Widersprüche, Leerstellen in der Argumentation des Autors aufgedeckt?		
• Habe ich mich mit dem in der Aufgabenstellung genannten Aspekt ausreichend auseinandergesetzt?		
• Habe ich deutlich Position bezogen zur angesprochenen Problematik?		
• Habe ich – in Abgrenzung zum Sachtext – genügend eigenständige Argumente entwickelt?		
• Habe ich meine Position nachvollziehbar und verständlich dargestellt?		
• Habe ich eigenes Wissen und eigene Erfahrungen miteinfließen lassen?		
• Habe ich meine Position in einem knappen Fazit zusammengefasst?		
• Habe ich im Schlussteil meines Textes einen interessanten Abschlussgedanken formuliert?		

Übungen zu Sprache und Stil

INFO

Das Adjektiv

Beim Verfassen einer Erörterung sollten Sie auf eine **verständliche und präzise Sprache** achten. Ein exzessiver Gebrauch von Adjektiven ist dabei wenig hilfreich. Oftmals werden Adjektive gedankenlos in den Text eingefügt, um einen Sachverhalt ausführlich zu beschreiben. Viele Adjektive liefern jedoch **keine nennenswerten neuen Informationen** und sind daher überflüssig. Lassen Sie bei der Nutzung von Adjektiven Vorsicht walten: Weniger ist manchmal mehr.

19 Lesen Sie den folgenden Text und streichen Sie alle Adjektive ohne informativen Mehrwert.

Text 2 All-inclusive-Angebote sind eine angenehme und willkommene Methode der Kostenkontrolle. Der Pauschalpreis ist bereits im Vorfeld bekannt und erfordert kaum noch zusätzliche und unerwartete Ausgaben vor Ort. Damit sind die Gesamtkosten kalkulierbar, was gerade für Familien und preisbewusste Urlauber von Vorteil ist. Sämtliche Mahlzeiten können im Hotel eingenommen werden; die mitunter aufwendige, langwierige und mühevolle Suche nach Restaurants entfällt dadurch. Dies ist einfach und bequem und bietet den Rahmen für lang ersehnte und ausgiebige Entspannung. „All-inclusive" ist als tolles Angebot, nicht aber als Zwang zu verstehen. Natürlich können ergänzend immer auch umliegende Restaurants der Umgebung besucht werden. Gemeinsame Mahlzeiten und nächtliche Umtrunks mit anderen All-inclusive-Urlaubern erweisen sich jedoch oft als dankbare und unkomplizierte Kontaktmöglichkeiten. In gemeinschaftlicher Runde können vergnügliche, unterhaltsame und gesellige Stunden verbracht werden.

INFO

Aktiv und Passiv

Passivkonstruktionen finden sich häufig in argumentierenden Texten. Das Passiv hat für Sie den Vorteil, dass Sie **Zustände, Handlungen und Vorgänge** schildern können, **ohne den Urheber** benennen zu müssen, z. B.: *„Jedes Jahr werden kilometerlange Staus in Kauf genommen, um das Urlaubsziel zu erreichen."* Ähnlich sind Konstruktionen mit dem unpersönlichen Indefinitpronomen *man*, z. B.: *„Man besucht weiterhin Orte, die Ziel einer großen Zahl anderer Reisender sind und aus diesem Grund nur wenig intakte Natur zu bieten haben."* Klammern Sie jedoch die Handlungsperspektive völlig aus, hat das den Effekt, dass die Argumentation im Vagen bleibt. Daher sollten Sie idealerweise **aktive und passive Konstruktionen abwechseln**.

20 Überarbeiten Sie den folgenden Text und achten Sie auf einen angemessenen Wechsel von aktiven und passiven Konstruktionen.

Text 3 Reisen ist so viel mehr als nur Erholung vom Alltag, neue Orte werden entdeckt, man lernt neue Menschen und andere Kulturen kennen. Besonders durch gemeinsame Erlebnisse mit der Familie oder Freunden werden wunderbare Erinnerungen geschaffen. Doch das Reisen und der Tourismus bringen auch Nachteile mit sich: Unsere Umwelt wird durch Flugzeuge oder Autos mit CO_2-Emissionen belastet, die Natur durch Müll verunreinigt und zerstört. Dabei gibt es viele Möglichkeiten, einen Urlaub nachhaltig und umweltschonend zu gestalten.

Bei jedem Urlaub sollten lokale Anbieter vor Ort unterstützt werden – kleine Läden und Lokale leben meist vom Tourismus. Dazu gehört es zum Beispiel, Souvenirs in kleinen Geschäften zu kaufen, in einheimischen Restaurants zu essen und regionale, landestypische Spezialitäten zu probieren. So wird die lokale Wirtschaft gefördert, man kommt mit den Einwohnern in Kontakt und kann fremde Kulturen hautnah erleben.

Materialgestütztes Schreiben eines informierenden Textes

Sowohl bei der Analyse als auch bei der Erörterung von Sachtexten steht der Text im Mittelpunkt der Auseinandersetzung (vgl. Kap. 4). Das in diesem Kapitel vorgestellte **materialgestützte Schreiben eines informierenden Textes** erfordert dagegen von Ihnen einen anderen Blick, da Sie dem vorgelegten Text bzw. den Materialien gerade nicht vollständig gerecht werden müssen. Vielmehr sollen Sie sich zunächst einen **Überblick über die Materialien** verschaffen und sich anschließend selektiv mit den Teilen befassen, die **für das eigene Vorhaben brauchbar** sind.
Ihr Text wird daran gemessen, inwiefern es Ihnen gelungen ist, einen **konkreten Schreibauftrag** zu **erfüllen** und dazu Materialien unter Einbeziehung des Vorwissens auszuwählen, zu verknüpfen und zielgerichtet zu verwenden.
Über welche Kompetenzen müssen Sie verfügen, um den Anforderungen einer solchen Aufgabe gerecht zu werden? Diese Frage soll im Folgenden anhand eines konkreten Beispiels, einer Aufgabe zum Thema „Fake News“, beantwortet werden. Fake News sind **bewusst gestreute Falschmeldungen**, die den Anschein erwecken, echt zu sein.

Annäherung an das Thema

Arbeitsschritt 1 Die Aufgabenstellung verstehen

Die Aufgabenstellung lässt genau erkennen, welche **Funktion** Ihr Text erfüllen soll. Hierzu trägt auch die **Vorgabe des Adressaten** bei (z. B. Elternvertretung, Schülerschaft, Leser einer bestimmten Zeitung), die zu einer **passgenauen Wahl von Inhalten und Sprache** führen soll. Die Benennung des Adressaten signalisiert Ihnen, dass Texte kommunikative Zwecke erfüllen. Sie schreiben folglich nicht nur einen Sachtext, sondern einen Gebrauchstext.

Folgende Fragen helfen Ihnen, die Aufgabenstellung genau zu verstehen:
- Was ist das **Thema** des geforderten Textes?
- Was sind **Anlass und Ziel** des Textes?
- Welche **Textsorte** wird verlangt? Was wissen Sie über diese Textsorte?
- Wer sind die **Adressaten** Ihres Textes? Welche Erwartungen haben diese in Bezug auf Inhalt und **Sprache** Ihres Textes?
- Auf welche Aspekte sollen Sie in Ihrem Text besonders eingehen?

1 Lesen Sie die folgende Aufgabenstellung und markieren Sie relevante Aspekte farbig. Notieren Sie dann stichpunktartig in eigenen Worten, was von Ihnen bei dieser Aufgabe erwartet wird.

An Ihrer Schule findet ein Projekttag für Schülerinnen und Schüler der Oberstufe zum Thema „Fakt oder Fake? – Meinungsbildung im Zeitalter des Algorithmus" statt. Zu diesem Projekttag soll auch eine Projektzeitung erscheinen. Verfassen Sie für die Projektzeitung einen informierenden Text über Fake News. Gehen Sie unter anderem darauf ein, wie Fake News funktionieren und wie man sich vor Fake News schützen kann.
Nutzen Sie dazu die Materialien M 1 bis M 6 und beziehen Sie auch eigene Kenntnisse und Erfahrungen mit ein. Ihr Text sollte ca. 1 000 Wörter umfassen. Wissenschaftliche Quellenangaben sind nicht nötig.

Arbeitsschritt 2 Vorwissen aktivieren

Neben den vorgelegten Materialien sollen Sie auch **eigenes Wissen nutzen,** um die Aufgabe bearbeiten zu können. Themenbezogenes Vorwissen besitzt eine entscheidende **Funktion als Filter:** Damit können Sie in der Lesephase die in den Materialien enthaltenen Sachverhalte leichter erfassen und einordnen und Ihre Aufmerksamkeit gezielt auf andere relevante oder neue Aspekte lenken. In der Schreibphase dient Ihnen das Vorwissen dazu, Ihre **Ausführungen so anzureichern**, dass ein verständlicher Text entsteht.

2 Aktivieren Sie Ihr Vorwissen zum Thema „Fake News". Ergänzen Sie dazu die folgende Mindmap.

3 Notieren Sie in Form von Fragen, was Sie – über Ihr Vorwissen hinaus – noch über Fake News wissen möchten.

____

____

____

Einen informierenden Text vorbereiten und ausarbeiten

Arbeitsschritt 3 Materialien sichten

Die Materialsammlung enthält lineare Texte (M2, M6), ein Interview (M5), eine Karikatur (M1) sowie zwei Diagramme (M3, M4). Die unterschiedlichen Textsorten fordern von Ihnen **unterschiedliche Lesestrategien:** Grafische Darstellungsformen liefern auf wenig Raum viele Informationen. Manchmal bereitet das Verstehen solcher Darstellungen allerdings auch Schwierigkeiten. Lesen Sie die Grafiken genau, um Fehlinterpretationen zu vermeiden. Die Materialien enthalten insgesamt einen **Informationsüberschuss,** sodass Sie entsprechend auswählen müssen. Legen Sie Ihr Augenmerk darauf, den Schreibauftrag zu erfüllen. Es genügt nicht, die Materialien zu paraphrasieren.

4 Verschaffen Sie sich einen ersten Überblick über die Materialien M 1 bis M 6: Lesen Sie dafür jeweils die Überschriften, überfliegen Sie kurz die Texte, betrachten Sie die Karikatur und die beiden Diagramme. Notieren Sie dann, welche inhaltlichen Aspekte Sie im jeweiligen Material wohl finden werden.

M 1: ______________________________

M 2: ______________________________

M 3: ______________________________

M 4: ______________________________

M 5: ______________________________

M 6: ______________________________

M 1

Quelle: https://www.manilatimes.net/2018/01/31/editorial-cartoons/fake-news-4/377419/377419/?fromt=yes

M 2 FAKE NEWS

Fake News sind nicht einfach nur Lügen, sondern ge- bzw. verfälschte Nachrichten (engl.: *fake* = falsch, gefälscht; *news* = Nachrichten), die bewusst manipuliert sind und den Anschein erwecken sollen, echt zu sein.

Es gibt viele und auch recht unterschiedliche Beispiele für Fake News. Ein recht bekanntes ist der Fall von Anas Modamani: Der Syrer Anas Modamani machte 2015 ein Selfie mit Bundeskanzlerin Merkel, eine spontane Aktion, die ein anderer Fotograf auf Foto festhielt. Dieses Foto ging durch die Medien. Später wurde es im Internet missbraucht, um Stimmung gegen Angela Merkels Haltung in der Flüchtlingsdebatte zu machen. Mal wurde behauptet Anas, mit dem die Kanzlerin ein Selfie gemacht habe, sei der Täter, der im Dezember 2015 einen Obdachlosen angezündet habe, mal wurde er als Attentäter vom Berliner Weihnachtsmarkt 2016, ein anderes Mal als Terrorist vom Terroranschlag in Brüssel 2016 „identifiziert“, doch nichts davon ist wahr. Bei all diesen Behauptungen wurde das Selfie-Foto verwendet, um zu „beweisen“, dass Angela Merkel sich mit Terroristen und Straftätern umgibt.

Man kann unterschiedliche Arten von Fake News erkennen. Es gibt Fake News, bei denen ein falscher Bezug, z. B. zwischen einem Foto oder Bericht und dazu einer erfundenen, reißerischen Überschrift, hergestellt wird. Bei anderen Fake News werden wahre Inhalte verfälscht, indem sie in einem falschen Zusammenhang oder verkürzt dargestellt werden, z. B. wenn nur Ausschnitte eines Textes oder eines Bildes wiedergegeben werden, und damit dann durch eine Fehlinterpretation eine ganz andere Meinung bekommen. Auch komplett erfundene Fake News gibt es, die möglichst reißerisch oder Neugier weckend formuliert sind, damit sie möglichst oft geliket und geteilt werden und sich somit schnell und massenhaft weiterverbreiten.

Quelle: http://www.bpb.de/lernen/grafstat/grafstat-bundestagswahl-2017/254759/m-04-06-fake-news

M 3 BERNHARD ROHLEDER: VON DER ENTE ZUR FAKE NEWS

Ergebnisse einer repräsentativen Umfrage im Auftrag des Bitkom zu Fake News unter 1 009 Personen ab 14 Jahren (2017)

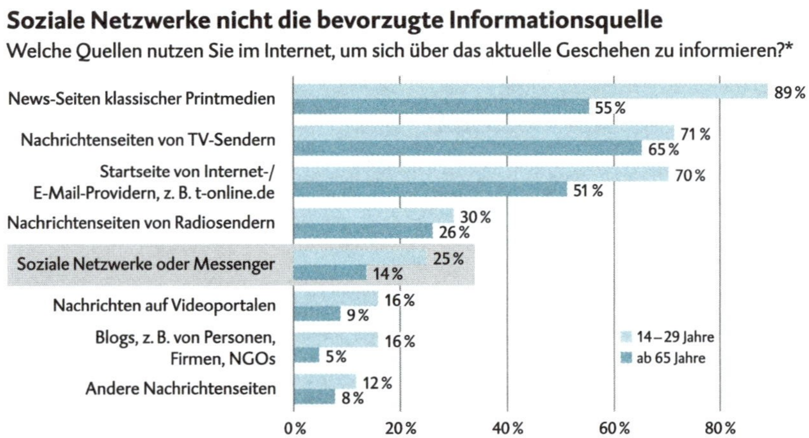

Basis: Befragte, die sich per Internet über das aktuelle Geschehen informieren (n = 634)
*Webseiten oder Apps Quelle: Bitkom Research

M 4

Basis: Alle Befragten (n = 1 009)
Befragte, denen häufig oder selten Fake-News aufgefallen sind (n = 590)
Quelle: Bitkom Research

Quelle: Bernhard Rohleder: Von der Ente zur Fake News, https://www.bitkom.org/sites/default/files/file/import/Bitkom-Charts-PK-Fake-News-02-02-2017.pdf, 01.02.2017

M 5 PASCAL SCHNEIDERS: „GEGEN FAKE NEWS IST NIEMAND IMMUN" – FAKTENCHECK MIT KOMMUNIKATIONSWISSENSCHAFTLER PHILIPP MÜLLER

Dr. Philipp Müller ist wissenschaftlicher Mitarbeiter am Institut für Publizistik in Mainz. Er forscht vor allem zu Produktion, Rezeption und Wirkung journalistischer Medienangebote sowie zu öffentlicher Kommunikation und gesellschaftlichem Zusammenleben.

Welche Rolle spielen soziale Netzwerke bei der Popularität von Fake News?

Mit Aufkommen des Internets und sozialer Netzwerke gibt es eine größere Vielfalt an publizierten Meinungen und Publika, aber auch mehr Falschmeldungen. Denn oft teilen Community-Mitglieder Fake News, ohne vorher beispielsweise die Seriosität der Quelle zu prüfen – Standards, die zum journalistischen Repertoire gehören. Fake News setzen dabei gezielt auf Überraschung, Skandalisierung und Empörung – Mittel zur Generierung von Aufmerksamkeit, die aus dem Boulevard-Journalismus bekannt sind.

Die öffentliche Deutungshoheit obliegt damit nicht mehr nur den Journalisten. Facebook und Co. bieten auch dogmatischen Medienskeptikern eine Plattform, die es vorher in dieser Form noch nicht gab. Sie sehen, dass es da draußen noch vermeintlich viele andere Menschen gibt, die ihrer Meinung sind.

Wer schenkt Fake News Glauben?

In erster Linie Menschen, die sich von der Gesellschaft entfremdet fühlen und die sich in den Massenmedien nicht ausreichend repräsentiert sehen. Doch auch andere Gruppen sind vor Fake News nicht ganz gefeit. Schon in den 1950ern beschrieben Sozialpsychologen den Sleeper-Effekt, wonach Menschen sich nach gewisser Zeit an den Inhalt einer Botschaft erinnern, die Quelle jedoch vergessen. Das bedeutet: Auch wenn Rezipienten eine Falschmeldung als solche identifizieren und sie daher zunächst als unglaubwürdig einstufen, kann es passieren, dass sie sich nach einigen Wochen noch an diese Falschmeldung erinnern, aber vergessen haben, dass sie diese ursprünglich für unwahr gehalten haben. Denn sie können die Information keiner Quelle mehr zuordnen.

Aktuelle Studien zeigen, dass Rezipienten Falschnachrichten als wahrhafter und plausibler empfinden, wenn sie ihnen mehrfach ausgesetzt waren – in der Wissenschaft bekannt als Wahrheitseffekt. Die Falschinformation schrieben die Probanden nach zeitlicher Verzögerung fälschlicherweise einer glaubwürdigen Quelle zu. Diese Forschungsergebnisse zeigen: Gegen Fake News ist niemand immun.

Kann ein Verbot von Fake News das Problem lösen?

Strafverschärfungen, wie sie derzeit diskutiert werden, sind wenig hilfreich, um das Problem zu lösen. Ein Verbot von Falschmeldungen würde vielmehr die für die Demokratie essenziell wichtige Meinungsfreiheit in Frage stellen. Auch Lügen sind durch die Meinungsfreiheit gedeckt, solange sie sich nicht gegen Einzelne richten. Dann sind sie als üble Nachrede oder Verleumdung justiziabel.

Mitunter fällt es schwer zu beurteilen, wo eine Falschaussage anfängt. In vielen Fällen gibt es kein Schwarz und Weiß. Deswegen können wir nicht einfach sagen: Man darf ab sofort nur noch die Wahrheit verbreiten und alles andere wird verboten. Denn: Wer legt im Zweifelsfall fest, was die Wahrheit ist? Solche Gesetze wären in den Händen einer totalitären Regierung ein fatales politisches Werkzeug. Davor müssen wir mehr Angst haben als vor Fake News. Zudem: Den Urheber einer Fake News zu verfolgen, ist im Internet auch technisch nicht so einfach. Umso wichtiger ist es, politischen Druck auf die Plattform-Betreiber auszuüben, klar erkennbare Falschmeldungen auch wirklich zu löschen, wenn diese gemeldet werden. Die eigentlich zentrale Maßnahme ist allerdings eine andere.

Welche Lösungsstrategien eignen sich besser?

Die noch bessere und gezieltere Vermittlung von Medienkompetenz bereits in der Schule, aber auch in den Medien. Medienkompetenz hilft dabei, glaubwürdige Quellen zu erkennen, Tatsachenbehauptungen zu prüfen und für Folgen bedenkenloser Verbreitung von Fake News zu sensibilisieren. Allerdings: Der harte Kern dogmatischer Rezipienten, die in ihrem Misstrauen gegenüber etablierten Medien festgefahren sind, wird sich davon kaum noch überzeugen lassen. Hier müssen wir uns als Gesellschaft fragen, wie es so weit kommen konnte, dass sich viele Menschen entfremdet und abgehängt fühlen und offen sind für Fake News und populistische politische Parteien. Das hat aus meiner Sicht wenig mit beispielsweise Zuwanderung und Flüchtlingen zu tun, sondern mit einem immer stärkeren Auseinanderdriften von Armen und Reichen und von Stadt- und Landbevölkerung. Und an dieser Stelle können die Medien auch wieder ihren Beitrag leisten, indem sie diese gesellschaftlichen Probleme stärker thematisieren. Auf diese Weise kann man diejenigen, die Angst haben abgehängt zu werden, wieder stärker in den Diskurs einbinden und eine gemeinsame Gesprächsgrundlage schaffen.

Quelle: Pascal Schneiders: „Gegen Fake News ist niemand immun“, Faktencheck mit Wissenschaftler Philipp Müller, https://www.ard.de/home/ard/Was_die_Wissenschaft_zu_Fake_News_sagt/3733254/index.html, 22.12.2016

M 6 ÄLTERE UND KONSERVATIVE TEILEN ÖFTER FAKE NEWS

Ältere und konservative Facebook-Nutzer teilen einer neuen Studie zufolge öfter Falschmeldungen in dem sozialen Netzwerk als andere. Nutzer im Alter von 65 Jahren oder älter teilen „fast sieben Mal mehr“ Artikel von Falschmeldungen verbreitenden Internetadressen als 18- bis 29-Jährige, wie aus einer Studie der Universitäten Princeton und New York hervorgeht.

Für die Studie prüften die Autoren die Facebook-Nachrichten von fast 1 200 Menschen in den USA. Die Forscher verglichen die von den Nutzern geteilten Links mit mehreren Listen von Websites, die dafür bekannt sind, Falschmeldungen zu verbreiten. Die in der Fachzeitschrift „Science Advances“ veröffentlichte Studie ergab, dass nur 8,5 Prozent der Probanden einen Link von einer dieser Seiten geteilt hatten. Diese waren jedoch zumeist älter und ordneten sich selber eher dem konservativen Teil des politischen Spektrums zu.

Die Autoren begründeten das Ergebnis mit der mangelnden digitalen Medienkompetenz älterer Menschen sowie mit einem schlechteren Erinnerungsvermögen.

Quelle: https://www.welt.de/vermischtes/article186838058/Facebook-Aeltere-und-Konservative-teilen-Falschmeldungen-eher.html, 10.01.2019

Arbeitsschritt 4 Verständnisschwierigkeiten klären

Die Texte und Grafiken können Wörter und Formulierungen enthalten, die Ihnen **inhaltliche oder sprachliche Probleme** bereiten. Stellen Sie sicher, dass Sie die Materialien grundsätzlich verstanden haben, und bedienen Sie sich ggf. geeigneter **Strategien bei Verständnisschwierigkeiten,** z. B. indem Sie verschachtelte Sätze auflösen oder Fremdwörter aus dem Kontext erschließen.

5 Klären Sie Verständnisschwierigkeiten. Nutzen Sie die Worterläuterungen.

M 1 *Rattenfänger von Hameln:* mittelalterliche Sage aus Deutschland. Ein Rattenfänger lockt mit seiner Flöte Ratten und Mäuse an und führt sie aus der Stadt Hameln heraus. Die versprochene Belohnung wird ihm jedoch nicht gezahlt. Aus Rache lockt er die Kinder der Stadt mit der Flöte an und verschwindet mit ihnen.

M 5 *dogmatisch* (Z. 10): eigensinnig, hartnäckig, unerbittlich, unnachgiebig
Rezipienten (Z. 19): jemand, der einen Text, ein Kunstwerk als Leser, Hörer oder Betrachter sinnlich erfasst
Generierung (Z. 7): Schaffung
immun (Z. 29): gegen etwas unempfindlich bzw. geschützt sein
justiziabel (Z. 35): einer richterlichen Entscheidung unterworfen
etabliert (Z. 52 f.): althergebracht, herkömmlich, traditionell, üblich
populistisch (Z. 56): tendenziöse Politik, die behauptet, Willen / Ängste des Volkes zu kennen, und einfache Lösungen verspricht

Arbeitsschritt 5 Materialien auswerten

Rufen Sie sich die Aufgabenstellung in Erinnerung. Aus ihr lassen sich **Leitfragen** entwickeln, z. B. Was sind Fake News? Wie funktionieren sie? Wer schenkt ihnen Glauben? Wie kann man sich vor Fake News schützen? Diese Leitfragen müssen Sie beim Lesen der Texte im Kopf haben, da sich nur so feststellen lässt, ob sich ein Text überhaupt zur Beantwortung einer oder mehrerer Fragen eignet. Hilfreich kann die **Markierung mit unterschiedlichen Farben** sein, die die Zuordnung von Textstellen zu einzelnen Fragen erleichtert.

Ebenfalls sollten Sie sich bei der Auswertung der Materialien den **Adressaten Ihres Textes** vorstellen, um zu entscheiden, welches Vorwissen dieser über den fraglichen Sachverhalt hat und welche Inhalte für ihn interessant sein könnten. Mit Blick auf die vorliegende Aufgabe kann man davon ausgehen, dass die Schülerinnen und Schüler zwar wissen, was Fake News sind, dass sie den sogenannten Sleeper-Effekt (vgl. M 5) aber vermutlich nicht kennen.

INFO

Beschreibung und Deutung von Karikaturen

Karikaturen sind **satirische Darstellungen** von Menschen oder gesellschaftlichen Zuständen. Um anschaulich und gelegentlich auch schockierend zu wirken, überzeichnen sie die Wirklichkeit. Die meisten Karikaturen haben einen sozialen oder politischen Hintergrund. Sie üben **Kritik,** ohne Lösungen anzubieten, wollen aber zum Denken anregen. Bei der Interpretation einer Karikatur bietet sich die Schrittfolge *Beschreibung, Erklärung, Bewertung* an.

1. Beschreibung
- Welche Situation, welches Ereignis oder Thema wird dargestellt?
- Welche Figuren und Gegenstände werden abgebildet?
- Wie sind die Personen dargestellt (Mimik, Gestik, Körperhaltung, Kleidung)?
- Welche Typisierungen sind zu erkennen?
- Welche Informationen bieten Über- und / oder Unterschrift?
- Wie ist der Bildaufbau gestaltet (Vordergrund, Hintergrund, Perspektive)?
- Welche sonstigen Gestaltungsmittel fallen auf (z. B. Farbgebung, Schattierungen)?

2. Erklärung
- Welche politischen, wirtschaftlichen oder kulturellen Themen werden angesprochen?
- Welche Missstände oder Widersprüche werden aufgedeckt?
- Welche Ziele verfolgt der Karikaturist? Was verteidigt er? Was kritisiert er?
- An welche Adressaten wendet er sich?
- Wo und wann wurde die Karikatur abgedruckt?

3. Bewertung
- Welche Emotionen löst die Karikatur aus?
- Wirkt die Karikatur witzig, boshaft, komisch, beleidigend? Ist sie demagogisch oder seriös?
- Stimmen Sie der Aussage des Karikaturisten zu? Oder haben Sie eine andere Meinung?

6 Beschreiben Sie die Karikatur (M 1) und fassen Sie die für die Aufgabenstellung relevante Aussage der Karikatur mit eigenen Worten zusammen.

____

____

____

____

INFO

Diagramme lesen und auswerten

Diagramme können **auf wenig Raum sehr viele Informationen** übersichtlich darstellen. Damit verbindet sich an Sie der Anspruch, die einzelnen durch Zahlen dargestellten Informationen inhaltlich **zueinander in Beziehung zu setzen** und zu verbalisieren.

Thema klären
- Worum geht es in dem Diagramm?
- Gilt das Diagramm für eine bestimmte Personengruppe?
- Wurde eine bestimmte Zeitspanne oder ein bestimmter Zeitpunkt untersucht?

Details untersuchen
- Handelt es sich bei Zahlenangaben um Prozentangaben oder um absolute Zahlen? Wo sind die niedrigsten und wo die höchsten Zahlen zu finden?
- Welche Ergebnisse finden Sie auffällig oder überraschend oder im Gegenteil unauffällig?
- Wie repräsentativ ist die Zahl der Befragten?
- Welche Quellen werden angegeben?

7 Fassen Sie die Aussage des Balkendiagramms (M 3) zusammen. Verwenden Sie dafür die folgenden Formulierungsbausteine:

Das Diagramm gibt Auskunft über … / Das Schaubild informiert über …
Die Grafik zeigt die Ergebnisse einer Studie/Umfrage …
Die Datengrundlage ist … / Befragt wurden … / Untersucht wurde …
Auffällig ist … / Am meisten/wenigsten …

Arbeitsschritt 6 Einen Schreibplan erstellen

Beim materialgestützten Schreiben kann ein Schreibplan helfen, aus dem ersichtlich ist, welche Informationen Sie aus den Materialien ausgewählt haben und wie Sie diese verwenden wollen. Oft enthalten die Materialien die gleichen Informationen. Hier kommt es darauf an, dass Sie die **Doppelungen erkennen und markieren**. Bei der **Vernetzung der Informationen** müssen Sie diese dann zusammenfassen und verdichten.

8 Werten Sie die Materialien M 1 bis M 6 mithilfe der Tabelle aus.

Untersuchungsaspekte	M 1	M 2	M 3	M 4	M 5	M 6
Was sind Fake News?						
Zu welchen Themen gibt es Fake News?						
Wie funktionieren Fake News? Was ist ihre Absicht?						
Wer schenkt Fake News Glauben?						
Wie kann man sich vor Fake News schützen?						

9 Setzen Sie alle Materialien zueinander in Beziehung. Prüfen Sie, ob sich die Informationen ergänzen oder widersprechen.

Arbeitsschritt 7 Den informierenden Text schreiben

Das materialgestützte Schreiben eines informierenden Textes verlangt **Umordnungen und Neuorganisationen von Informationen unter einer bestimmten Perspektive**. Nützlich hierfür ist die Aufgabenstellung, die in der Regel die Untersuchungsaspekte und damit auch die **gedankliche Struktur des Textes** vorgibt. Grundsätzlich gibt es mehrere Strukturierungsmöglichkeiten, z. B.:

1 Frage → Antwort → Folgerung

2 Ursachen → Wirkungen → Folgen

3 Problem → Lösung → Umsetzung

4 Vergangenheit → Gegenwart → Zukunft

Beim Schreiben des Textes spielt die **Berücksichtigung des Adressaten** ebenfalls eine wichtige Rolle. Statt die (Wissenschafts-) Sprache der Ausgangstexte zu übernehmen, sollten Sie einen Sprachstil wählen, der von den angesprochenen Schülerinnen und Schülern der Oberstufe ohne große Anstrengung verstanden wird. Sie müssen also eine gewisse Übersetzungsleistung erbringen, d. h. auf vermeidbare Fachsprache verzichten und unverzichtbare Termini erläutern.

Außerdem sollten Sie Hinweise einfügen, die den **Zusammenhang und die Bedeutsamkeit von Einzelinformationen** verdeutlichen, z. B. „Besonders überraschend ist dabei …“ oder „Wenn man nach Lösungsstrategien im Umgang mit Fake News fragt, dann sollte man vor allem berücksichtigen …“.

Greifen Sie auf **geeignete sprachliche Mittel** zurück, um kausale Verknüpfungen von Sachverhalten herzustellen. Da das Schreibprodukt ein informierender Text ist, sollten Sie auf eine sachliche Darstellung achten und auf wertende Formulierungen oder sonstige Meinungsäußerungen verzichten.

10 Überlegen Sie, welche Strukturierungsmöglichkeit Sie für das Thema „Fake News“ bevorzugen (vgl. Arbeitsschritt 7). Beziehen Sie dabei auch die Bausteine für den geforderten Text aus der Aufgabenstellung ein.

1 ☐ 2 ☐ 3 ☐ 4 ☐

11 Überlegen Sie, welche Aussagen auf das materialgestützte Schreiben eines informierenden Textes zutreffen. Kreuzen Sie an.

a) ☐ Ich muss auf eine angemessene Textlänge achten.
b) ☐ Ich soll die Ergebnisse meiner Materialauswertung umfassend darstellen.
c) ☐ Ich soll viele Beispiele für Fake News finden und diese ausführlich wiedergeben.
d) ☐ Mein Text muss für die Adressaten gut verständlich sein und ihren Wissensstand berücksichtigen.
e) ☐ Ich soll ein möglichst anspruchsvolles Fachvokabular verwenden.
f) ☐ Meine emotionale Einstellung zum Thema soll deutlich werden.
g) ☐ Ich soll am Ende des Textes begründet Position zum Thema beziehen.

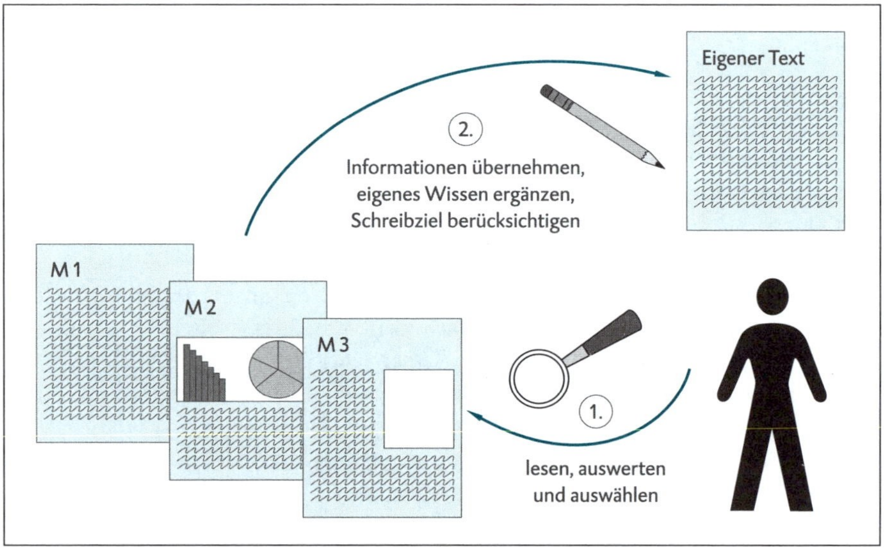

INFO

Gedanken anderer Personen im eigenen Text wiedergeben

Inhalte aus den Materialien können Sie auf unterschiedliche Weise wiedergeben: **in eigenen Worten, in indirekter Rede oder als wörtliches Zitat.** Dabei müssen Sie beim materialgestützten Schreiben keine vollständigen Quellen- und Zeilenangaben machen. Dennoch sollten Sie den Autor (z. B. „Kommunikationswissenschaftler Philipp Müller") und die Informationsquelle (z. B. „wie eine Umfrage ergab") kurz nennen, damit der Leser die Aussagen einordnen und die **Informationsquelle** bewerten kann.

Zur **Wiedergabe der Aussagen aus den Materialien** können Sie z. B. auf folgende Formulierungen zurückgreifen:

- *jemand betont / legt dar / hebt hervor …*
- *jemand stellt fest / verweist auf / räumt ein …*
- *in Anlehnung an …*
- *eine Auffassung / Meinung / Position vertreten*
- *unter Bezugnahme auf …*
- *sich beziehen / berufen / stützen auf …*
- *jemand gelangt zu dem Ergebnis / der Feststellung …*
- *jemand kommt zu der Überzeugung …*
- *mit (+ Name) …*
- *nach (+ Name) …*
- *nach Angabe von …*
- *im Sinne von …*
- *Stellung beziehen / nehmen zu …*

12 Vervollständigen Sie die folgenden Sätze:

In einer Publikation der Bundeszentrale für politische Bildung wird auf verschiedene Erscheinungsformen von Fake News hingewiesen: …

___

___

Kommunikationswissenschaftler Philipp Müller gibt zu bedenken, dass …

___

___

Einer wissenschaftlichen Studie der Universitäten Princeton und New York zufolge …

___

___

13 Markieren Sie in den Materialien, welche Informationen Sie sinngemäß übernehmen und welche Sie direkt zitieren wollen. Notieren Sie die entsprechenden Textstellen jeweils mit Materialnummer (z. B. vgl. M 5).

14 Verfassen Sie einen informierenden Text auf der Grundlage Ihrer Vorarbeit. Wählen Sie eine geeignete Überschrift und beachten Sie den Richtwert von 1000 Wörtern.

Arbeitsschritt 8 Den informierenden Text überarbeiten

Nachdem Sie Ihren Text geschrieben haben, sollten Sie **überprüfen, ob das Schreibziel erreicht wurde** oder an welchen Stellen sich Verständnisprobleme offenbaren. Kontrollieren Sie, ob Ihr Text die aus der Aufgabenstellung entwickelten Leitfragen beantwortet. Zur **Verbesserung der Textqualität** können Sie auch mithilfe der Verschiebeprobe, Ersatzprobe, Weglass- und Erweiterungsprobe Sätze verändern.

INFO

Methoden der Textüberarbeitung

- **Ersatzprobe:** Einzelwörter oder Satzglieder durch treffendere Formulierungen ersetzen
- **Erweiterungsprobe, Weglassprobe:** zusätzliche Wörter, Satzglieder, Teilsätze oder Sätze einfügen oder weglassen
- **Verschiebeprobe:** Satzanfänge durch Umstellung der Satzglieder verändern

15 Bewerten Sie in der folgenden Checkliste, inwiefern Sie die genannten Aspekte in Ihrem eigenen Text erfüllt haben. Notieren Sie sich dann Verbesserungsideen und überarbeiten Sie Ihren Text.

Checkliste zum materialgestützten Schreiben eines informierenden Textes

10 = voll erfüllt / 0 = gar nicht erfüllt	▼	Verbesserungsideen
Fragen		
• Habe ich aus den Materialien alle relevanten Informationen zum Thema ausgewählt und korrekt wiedergegeben?		
• Habe ich die Informationen im eigenen Text sinnvoll aufeinander bezogen und im Sinne der Darstellungsabsicht verbunden?		
• Habe ich zusätzliches Wissen ergänzt?		
• Habe ich Aussagen anderer Personen korrekt zitiert bzw. paraphrasiert und meine Informationsquellen kurz genannt?		
• Habe ich den Text in Einleitung, Hauptteil und Schluss gegliedert?		
• Habe ich die Gliederung des Textes durch Absätze deutlich gemacht?		
• Habe ich eine klare gedankliche Struktur entwickelt?		
• Habe ich meinen Text konsequent auf die in der Aufgabenstellung genannten Adressaten ausgerichtet?		
• Habe ich die vorgegebene Kommunikationssituation ausreichend berücksichtigt?		
• Habe ich die Regeln der geforderten Textsorte umgesetzt?		
• Habe ich eine treffende Überschrift gewählt?		
• Habe ich sachlich und verständlich formuliert?		
• Habe ich die Regeln der Rechtschreibung und Zeichensetzung sowie der Zitiertechnik angewendet?		

Übungen zu Sprache und Stil

INFO

Ich, wir oder man?

In informierenden Texten steht der behandelte Sachverhalt im Vordergrund der Darstellung. Der Verfasser sollte daher so weit wie möglich unsichtbar bleiben. Das heißt: Vermeiden Sie Hinweise auf Ihre eigene Person und verzichten Sie weitgehend auf die Pronomen „ich", „wir", „mein", „unser". Beim sachlichen Formulieren können Sie das „ich" durch **Passiv-Konstruktionen** und durch die **Nominalisierung von Verben** leicht umgehen, ohne die Aussage zu verfälschen. Allzu viele Passiv-Konstruktionen machen einen Text aber behäbig und schwer leserlich.

Dennoch kann es an bestimmten Stellen im Text durchaus sinnvoll sein, wenn Sie Ihren Text für die Leser kommentieren, um eine **Verstehenshilfe** zu geben, z. B. wenn Sie Auswahlentscheidungen begründen oder einen Sachverhalt bewerten (*„Aus Gründen der Übersichtlichkeit verzichte ich an dieser Stelle auf …"*). Verwenden Sie die Ich-Form aber zurückhaltend. Sätze mit der indirekten Leseransprache „man" sind stilistisch wenig elegant und lassen einen Text umgangssprachlich wirken. Außerdem weiß der Leser Ihres Textes nicht, wer mit „man" gemeint ist. „Man" kann auch „jedermann" bedeuten. So könnten **unzulässige Verallgemeinerungen** entstehen.

16 Verfassen Sie alternative Formulierungen.

Man kann dem Standpunkt widersprechen …	
Man kann hierzu festhalten …	
Unter Fake News versteht man …	
Betrachtet man die Ergebnisse der Umfrage, kommt man zu dem Schluss, dass …	

INFO

Redewiedergabe in indirekter Rede

In informierenden Texten können Sie Darstellungen aus den Materialtexten unter anderem in der **indirekten Rede** wiedergeben. Verwenden Sie dabei **Konjunktiv I** und **Konjunktiv II,** um deutlich zu machen, dass Sie nicht der Urheber der Aussage sind. Ziehen Sie den Konjunktiv II heran, wenn die Präsensformen des Indikativs und des Konjunktivs I identisch sind (vgl. S. 49). Die Redeeinleitung im Konjunktiv kann darauf verweisen, wie Sie zu der referierten Aussage stehen: Entweder Sie verhalten sich **neutral** (z. B. *sagen, berichten, darlegen*) oder Sie **bewerten** sie (z. B. *meinen, glauben, hoffen, behaupten, nach seiner Ansicht / Meinung*).

17 Geben Sie die folgenden Aussagen im Konjunktiv wieder und wählen Sie dafür passende Redeeinleitungen.

„Es wird niemals so viel gelogen wie vor der Wahl, während des Krieges und nach der Jagd."
Otto von Bismarck (1815–1898, deutscher Politiker und Staatsmann)

„Manchmal sagt man eine Lüge so oft, dass sie dann zur Wahrheit wird."
Charlotte Roche (*1978, deutsche Moderatorin, Produzentin, Schauspielerin und Autorin)

„Eine Lüge ist wie ein Schneeball. Je länger man ihn rollen lässt, desto größer wird er."
Martin Luther (1483–1546, Theologe)

„Ein halbleeres Glas Wein ist zwar zugleich ein halbvolles, aber eine halbe Lüge mitnichten eine halbe Wahrheit."
Jean Cocteau (1889–1963, französischer Schriftsteller, Regisseur und Maler)

INFO

Den Satzbau variieren

Die verschiedenen Satzglieder eines Satzes können **je nach Aussageabsicht unterschiedliche Positionen im Satz** einnehmen. Es kann zum Beispiel sinnvoll sein, neue Informationen an den Satzanfang oder an das Satzende zu verlagern, da sie dadurch beim Lesen besondere Aufmerksamkeit erfahren. Weniger wichtige Informationen sollten in die Satzmitte verlagert werden.

Beispiele:

- *Nach Kommunikationswissenschaftler Philipp Müller sind Fake News so erfolgreich, weil sie vermeintlich das bestätigen, was ihre Leser ohnehin glauben.*
  Diese Satzkonstruktion wird häufig dann verwendet, wenn es bei der Darstellung von wissenschaftlichen Positionen besonders um die Personen geht (**Wer** hat es gesagt?).
- *Der Erfolg von Fake News hängt nach Kommunikationswissenschaftler Philipp Müller damit zusammen, dass sie vermeintlich die Meinung der Leser bestätigen.*
  Steht nicht das Wer, sondern der dargestellte Sachverhalt im Vordergrund, empfiehlt sich ein syntaktischer Umbau (**Was** wird gesagt?).

18 Schreiben Sie einen längeren Satz zum Thema „Fake News" (Haupt- und Nebensatz). Variieren Sie dann den Satzbau durch eine Umstellung der Satzglieder und prüfen Sie die Wirkung der Sätze im Hinblick auf Ihre Aussageabsicht.

INFO

Auflösen von Schachtel- und Endlossätzen

Beansprucht ein einziger Satz in normaler Schriftgröße **mehr als drei Zeilen,** ist es sinnvoll, diesen **Schachtel- oder Endlossatz in mehrere kürzere Sätze** aufzulösen. Dadurch können Sie die Struktur Ihrer Gedanken besser herausstellen. Klären Sie zunächst, worum es inhaltlich geht und welche Informationen Sie Ihren Lesern eigentlich übermitteln wollen. Wenn Sie die Informationen sortiert haben, können Sie mit der Neuformulierung des Textes beginnen. Hier ein Beispiel, wie man einen langen Satz in mehrere kurze unterteilen kann:

Fake News und die Informationskriege weltweit sind längst kein neues Phänomen, was kaum jemand so intensiv erforscht hat wie die Historikerin Heidi Tworek von der University of British Columbia in Kanada, deren aktuelles Werk heißt: „News from Germany: The Competition to Control World Communications, 1900–1945."

Fake News und die Informationskriege weltweit sind längst kein neues Phänomen. Kaum jemand hat das so intensiv erforscht wie die Historikerin Heidi Tworek von der University of British Columbia in Kanada. Ihr aktuelles Werk heißt: „News from Germany: The Competition to Control World Communications, 1900–1945."

(Quelle: https://www.tagesspiegel.de/politik/historikerin-ueber-propaganda-und-fake-news-falsche-nachrichten-hat-es-immer-gegeben/24865578.html vom 02.08.2019)

19 Verbessern Sie den folgenden Text, indem Sie Schachtel- und Endlossätze auflösen.

Massenmedien wurden schon seit jeher für die Verbreitung von Falschmeldungen und Propaganda missbraucht, nicht nur in totalitären politischen Systemen, sondern auch in modernen Wahlkämpfen, in denen es sogenannten Spin Doctors, politischen Kommunikationsberatern, schon seit Jahrzehnten immer wieder gelingt, Falschmeldungen zu veröffentlichen und die politische Berichterstattung in ihrem Sinne zu beeinflussen.

In der Bevölkerung ist eine Skepsis gegenüber traditionellen Medienhäusern und professionellen Journalisten weitverbreitet, die eine Offenheit gegenüber alternativen Informationsquellen im Internet und in den sozialen Netzwerken bedingt, welche mit dem Bedürfnis von Menschen zusammenhängt, die eigenen Überzeugungen und Einstellungen zu bestätigen und in Einklang mit dem Verhalten zu bringen. Informationen werden dabei häufig selektiv ausgewählt und interpretiert, um sicherzustellen, dass sie die eigenen Ansichten stützen.

Lösungen

Interpretation lyrischer Texte

1
- *junger Mann:* umfasst mit beiden Händen das Gesicht der jungen Frau und küsst sie auf den Mund; geschlossene Augen als Ausdruck seiner Entschlossenheit und Leidenschaft; mögliche Gedanken und Gefühle: „So, jetzt habe ich mich endlich getraut! Ich küsse sie. Es fühlt sich toll an. Das ständige Reden hat mich nur noch unsicherer gemacht. Ich hoffe, dass sie ebenso empfindet wie ich und nicht wütend auf mich ist."
- *junge Frau:* stark hochgezogene Augenlider, weit nach oben geschobene Augenbrauen als Ausdruck der Überraschung und des Erschreckens; fehlende Erwiderung des Kusses; Erwecken des Eindrucks von Passivität durch ausweichende Rückwärtsbewegung; mögliche Gedanken und Gefühle: „Was macht er denn da?! Damit habe ich überhaupt nicht gerechnet. Ich habe zwar schon vermutet, dass er mich mag, und ich habe ihn ja auch irgendwie gern, aber so ein stürmischer Kuss ist mir dann doch zu viel."

2 *Lösungsvorschlag zum Zitat von Erich Fried: „Für die Welt bist du irgendjemand, für irgendjemand bist du die Welt."*
Erich Fried spielt mit seinem Zitat auf den Umstand an, dass wir uns oft alleine fühlen in unserem alltäglichen Umfeld. Wir begegnen vielen Menschen, gehen stumm aneinander vorbei, grüßen uns wortlos oder unterhalten uns mit ihnen auf oberflächliche Weise. Dadurch gewinnen wir manchmal den Eindruck, dass sich kein Mensch tatsächlich für uns und unsere Gefühle interessiert. Dabei übersehen wir aber, dass wir vielen Menschen sehr viel bedeuten, auch wenn diese das nicht jedes Mal aussprechen oder keine Signale in diese Richtung senden. Und dann kann es passieren, dass wir über alle Maßen überrascht sind, wenn uns ein Mensch sagt oder zeigt, wer sehr er oder sie uns wirklich mag oder sogar liebt. Diese Erfahrung könnte ziemlich genau dem Moment entsprechen, der auf dem Panel gezeigt wird: Die junge Frau wirkt sehr überrascht und überrumpelt, da sie möglicherweise keine Ahnung davon hatte, welche Gefühle der junge Mann für sie hegt.

3 Goethe, *Maifest*: neun Strophen mit je vier kurzen Versen; unregelmäßige Reimstruktur (Kreuzreime, unreine Reime); Häufung von Ausrufezeichen; Wortfelder Licht (z. B. „leuchtet", V. 1; „glänzt", V. 3; „Sonne", V. 11; „blinkt", V. 23) und Glück (z. B. „Freud", „Wonne", V. 9; „Glück", „Lust", V. 12; „Freud'", V. 32); direkte Ansprache eines Gegenübers

Brecht, *Das Frühjahr kommt*: drei Strophen mit unregelmäßiger Versanzahl und jeweils unterschiedlich langen Versen; keine Reime (außer „Frühjahr“ – „fruchtbar“, V. 15 f.); Wortfelder Liebe / Erotik (z. B. „Spiel der Geschlechter“, V. 2; „Liebenden“, V. 3; „Geliebten“, V. 4; „verführt“, V. 6) und Fruchtbarkeit / Neuanfang (z. B. „erneuert“, V. 2; „Frühjahr“, V. 8; „Wachstum“, V. 14; „fruchtbar“, V. 16; „gebiert“, V. 18); keine Adressatenansprache

4

	Goethe	Brecht
a) Das lyrische Ich tritt explizit im Gedicht auf und spricht ein Gegenüber an.	☒	☐
b) Natur und Liebe werden von einem Sprecher im Gedicht sachlich-nüchtern beschrieben.	☐	☒
c) Das lyrische Ich gibt sich indirekt durch die Beschreibung und Wertung der Naturvorgänge zu erkennen.	☐	☒
d) Das lyrische Ich preist euphorisch die Schönheit der Natur und der Liebe.	☒	☐
e) Es liegt ein Rollengedicht vor.	☐	☐
f) Es handelt sich um ein Naturgedicht.	☒	☒
g) Es handelt sich um ein Liebesgedicht.	☒	☒

5 **Johann Wolfgang von Goethe: Maifest**

1	Enthusiastische Freude des lyrischen Ichs über die frühlingshafte Natur	**V. 1–12**
2	Allgemeine Anrufung der Liebe und Gleichsetzung ihrer Schönheit mit der Natur	**V. 13–20**
3	Anrufung der Geliebten, Beteuerung gegenseitiger Liebe und Glücklichpreisung der Geliebten als Quelle der Inspiration	**V. 21–36**

Bertolt Brecht: Das Frühjahr kommt

1	Stets wiederkehrendes Zusammenfinden der Liebenden im Frühjahr	**V. 1–6**

2 Feststellen der Erneuerung der Natur im Frühjahr anhand von Einzelbeobachtungen durch die Liebenden **V. 7–13**

3 Maßlosigkeit, Fruchtbarkeit und Zwangsläufigkeit als Merkmale der Erneuerung der Natur (ohne Einflussnahme des Menschen) **V. 14–19**

6 Das Gedicht *Maifest* besteht aus neun **Kurzstrophen** mit je vier **Kurzzeilen**. Trotz des **volksliedhaft** wirkenden Aufbaus ist die metrische Struktur des Textes nicht eindeutig zu beschreiben. Zwar liegt fast durchgängig ein zweihebiger **Jambus** vor, doch lässt sich zum Beispiel der zweite Vers der ersten Strophe als **Daktylus** oder der vierte Vers der zweiten Strophe als **Anapäst** lesen. Diese Unregelmäßigkeiten, die durch zahlreiche **Enjambements** verstärkt werden, veranlassen den Leser, über die **Versgrenzen** hinweg zu lesen, sodass zwei Kurzzeilen klanglich eine Langzeile bilden. Ein ähnlich freier Umgang mit der Form lässt sich auch bezüglich des **Reimschemas** feststellen. Fast durchgängig, mit Ausnahme der zweiten Strophe, reimen sich der zweite und vierte Vers jeder Strophe, während der erste und dritte Vers **Waisen** sind. In der zweiten Strophe gilt dies nur bei Verwendung einer mundartlichen Aussprache des Wortes „Zweig".

Das Gedicht *Das Frühjahr kommt* besteht aus drei Strophen, wobei die erste und dritte Strophe jeweils **sechs** Verse und die zweite Strophe **sieben** Verse umfassen. Es liegen **reimlose, metrisch ungebundene** Verse unterschiedlicher Länge vor. Während in der ersten Strophe **Vers- und Satzstruktur** weitgehend übereinstimmen, finden sich in der zweiten und dritten Strophe zahlreiche **Enjambements**, die den stets vorwärtsdrängenden Erneuerungsprozess der Natur widerspiegeln.

7 Johann Wolfgang von Goethe: *Maifest*

1 Personifikation von Liebe und Flur (V. 4, 5 f., 17 f.) → Unterstreichen der aktiven Rolle der Liebe als Göttin und als Wohltäterin der Welt
2 Fülle an Nomen bzw. Substantiven, Verben, Adjektiven (V. 1–8, 13–20) → Veranschaulichen der sinnlichen Eindrücke in der frühlingshaften Natur
3 Ausrufe, Ellipsen, Interjektionen (V. 11–16, 21 ff.) → Verdeutlichen der Begeisterung des lyrischen Ichs über die Natur und die Geliebte
4 Parallelismen, Anaphern, Wiederholungen (V. 22, 23, 24, 29, 36) → Steigerung des Ausmaßes der Empfindungen der Liebenden füreinander

5 Neologismus und Synästhesie („Blütendampfe“, V. 19) → Zusammenfügen vielfacher Sinneseindrücke, Verdichtung der Atmosphäre und Betonen der Ganzheitlichkeit der Naturerfahrung

Bertolt Brecht: *Das Frühjahr kommt*

1 Alliterationen („Lichte“, „Landschaft“, „Liebenden“, „Luft“, „lang“, V. 7–13) und Assonanzen (V. 2, 3, 6) → Verdeutlichung der Einheit des Erneuerungsprozesses bei Mensch und Natur
2 Parallelismen (V. 11–13, 16–19), Inversionen (V. 7, 14), Akkumulationen (V. 14, 17) → Betonen der Veränderungen in der Natur nach unabänderlichen Gesetzen
3 Synekdoche (V. 4 f.) → unpersönliche Darstellung des Liebesspiels

8 wichtige Gemeinsamkeiten zwischen *Maifest* und *Der Frühling kommt*:

- In beiden Gedichten spielen der Frühling, die blühende Natur und damit die Phase des Neubeginns bzw. des Wachstums eine entscheidende Rolle.
- Die Liebe zwischen einzelnen Menschen wird jeweils mit der Thematik der Jahreszeit verknüpft.

wichtige Unterschiede zwischen *Maifest* und *Der Frühling kommt*:

- Sprechersituation: lyrisches Ich bei Goethe ↔ unpersönlicher Sprecher bei Brecht
- Sprache: leidenschaftliche Sprache bei Goethe ↔ sachlich-nüchterne Sprache bei Brecht
- Darstellung der Liebe: Geliebte als Inspiration bei Goethe ↔ Mechanik der Liebe bei Brecht
- Verhältnis zur Natur: Begeisterung für die Natur bei Goethe ↔ naturwissenschaftlicher Blick auf die Natur bei Brecht

9 *Interpretationsthese zu Goethe:* In dem Gedicht *Maifest* von Johann Wolfgang von Goethe dient die Natur dazu, die überschwänglichen Gefühle des lyrischen Ichs zu seiner Geliebten zu veranschaulichen. Sowohl die Natur als auch die Liebe üben dabei eine belebende Wirkung auf das lyrische Ich aus.

Interpretationsthese zu Brecht: In dem Gedicht *Das Frühjahr kommt* von Bertolt Brecht wird die Erneuerung der Natur als zwangsläufiger, nach unabänderlichen Gesetzen sich wiederholender Prozess beschrieben, dem auch die Liebe der Menschen als „Spiel der Geschlechter“ unterworfen ist.

Fazit: In Goethes Gedicht dominiert die Begeisterung des lyrischen Sprechers über das Naturerleben. Alle Bereiche der Natur – von der Sonne bis zur Pflanzenwelt – scheinen von Liebe und Kraft durchdrungen zu sein und den Sprecher zu inspirieren. Die Liebe zu dem jungen Mädchen als Höhepunkt dieses Glücksgefühls ordnet sich sprachlich und bildlich nahtlos in diese Darstellung ein. Mit Sicherheit hat die Liebe zu Friederike Brion Goethe zu diesem Gedicht verleitet. Im Gedicht von Bertolt Brecht ist von dieser Begeisterung nichts zu spüren. Wie ein Naturforscher setzt er die Prozesse des Frühlings mit dem Liebesverhalten der Menschen parallel. Dieser Blickwinkel entspricht der Epoche der Neuen Sachlichkeit der 1920er-Jahre: Die detailgetreue, nüchterne Darstellung der Wirklichkeit war das oberste Gebot. Ein Vergleich dieser beiden Gedichte führt nachhaltig vor Augen, dass man so scheinbar selbstverständliche Erscheinungen wie den Frühling oder die Liebe zwischen zwei Menschen auf so unterschiedliche Weise wahrnehmen und schildern kann.

10 *Einleitung:* Vögel zwitschern, die Sonne scheint, ringsum grünt und blüht es. Durch Straßen, Gärten und Parks schlendern verliebte, händchenhaltende Paare. Wer Single ist, macht sich beschwingt auf die Suche nach einem Seelenverwandten. Endlich wieder Frühling – so denken die allermeisten. Das, was mit dem Begriff Frühlingsgefühle in unserem alltäglichen Sprachgebrauch umschrieben wird, greifen auch Dichter unterschiedlichster Epochen in ihren Werken auf: die Verbindung zwischen dem Erneuerungsprozess der Natur und der Liebe zwischen zwei Menschen. So auch Johann Wolfgang von Goethe in seinem 1771 verfassten Gedicht *Maifest* und Bertolt Brecht in *Das Frühjahr kommt* aus dem Jahr 1931. Diese beiden Gedichte sollen im Folgenden analysiert und interpretiert werden.

Schluss: So unterschiedlich Goethe und Brecht die Verbindung zwischen der sich ständig erneuernden Natur und der Liebe zwischen Mann und Frau dargestellt haben, so unterschiedlich reagieren die Menschen auch auf den Frühling. Nicht alle freuen sich auf diese Jahreszeit und auf die lang ersehnten ersten warmen Sonnenstrahlen. Manche verspüren oft große Müdigkeit, sie fühlen sich matt und abgeschlagen. Hier heißt es: dem Anstieg der Temperaturen zu trotzen, Körper und Geist in Schwung zu bringen und – so oft es geht – die Frühlingssonne zu genießen: Denn diese hilft, die Frühjahrsmüdigkeit zu überlisten.

11

(1) Personalpronomen 3. P. Sg. Dativ	(2) Adjektiv	(3) Adverb
(4) Possessivpronomen	(5) Relativpronomen	(6) Adverb
(7) Verb	(8) Personalpronomen 3. P. Sg. Nominativ	(9) Indefinitpronomen
(10) Konjunktion	(11) Adjektiv	(12) Präposition
(13) Nomen	(14) Präposition	(15) Indefinitpronomen

12 Mitunter wurde mir, wenn ich reimlose Lyrik veröffentlichte, die Frage gestellt, wie ich dazu käme, so was als Lyrik auszugeben. [...] Die Frage ist berechtigt, weil die Lyrik, wenn sie schon auf den Reim verzichtet, doch gewohntermaßen wenigstens einen festen Rhythmus bietet. Viele meiner lyrischen Arbeiten zeigen weder Reim noch regelmäßigen festen Rhythmus. [...] Man muß die Zeit bedenken, in der ich schrieb. Der Weltkrieg war eben vorüber. Er hatte die ungeheuren sozialen Spannungen, die ihn verursacht hatten, nicht gelöst. Mein politisches Wissen war damals beschämend gering; jedoch war ich mir großer Unstimmigkeiten im Leben der Menschen bewußt, und ich hielt es nicht für meine Aufgabe, all die Disharmonien und Interferenzen, die ich stark empfand, formal zu neutralisieren. Ich fing sie mehr oder weniger naiv in die Vorgänge meiner Dramen und in die Verse meiner Gedichte ein. Und das, lange bevor ich ihren eigentlichen Charakter und ihre Ursachen erkannte. Es handelte sich, wie man aus den Texten sehen kann, nicht nur um ein „Gegen-den-Strom-Schwimmen" in formaler Hinsicht, einen Protest gegen die Glätte und Harmonie des konventionellen Verses, sondern immer doch schon um den Versuch, die Vorgänge zwischen den Menschen als widerspruchsvolle, kampfdurchtobte, gewalttätige zu zeigen. [...]

13 Goethe kam mit Weyland an einem heiteren Sommertag in Sesenheim an**,** als armer Theologiestudent verkleidet. Er liebte die Maskerade**,** das Inkognito**,** das Versteckspiel [...]. Bei den Brions trat er sogar in wechselnder Verkleidung auf**,** zuerst gab er den armen Theologiestudenten. Als er nach dem gemeinsamen Spaziergang mit Friederike im Mondschein seine Verliebtheit bemerkte**,** floh er am anderen Morgen aus dem Haus und nahm im Nachbardorf die Verkleidung als der Dorfbursche Georg an. Das bewirkte einige zusätzliche Verwirrung. Die Romanze mit Friederike war nun in voller Entwicklung. Pfänderspiele, heitere Geselligkeit, Spaziergänge, schwüle Sommertage und sternfunkelnde Nächte halfen dabei. Die Eltern merkten, dass sich da etwas anspann, und waren bereit, die beiden in so schwebenden Zuständen eine Weile hinwalten zu lassen.

14 *individuelle Lösung*

Interpretation dramatischer Texte

1
- von Kapuze und Armbrust halb verhülltes Gesicht in Groß- bzw. Nahaufnahme; Vollbart; zusammengezogene Brauen und Nasenflügel, abgesenkte Augenlider, verengte Augen, geschlossener Mund → Ausdruck höchster Anspannung und Konzentration sowie größter Entschlossenheit und Wut
- Positionierung des Gesichts in der Bildmitte; Blick des Betrachters auf Augenhöhe; Frontalansicht → Konzentration auf die Augenpartie der Figur
- Glanzeffekt in Form eines weißen, mehrzackigen Sterns auf der Pfeilspitze → Betonung der Bedeutung des (Apfel-)Schusses
- Schweißtropfen im Gesicht, auf Armbrust und auf Pfeil → Hinweis auf den Gemütszustand der Figur

2 Die Sinnsprüche von Ovid und Alexandre Dumas passen am ehesten zu dem Panel, da sie ebenfalls größte Entschlossenheit demonstrieren und die Rachetat rechtfertigen. Eine selbstkritische Auseinandersetzung mit der Rachetat, wie sie die anderen Sinnsprüche erkennen lassen, fehlt hier.

3
- Die Szene setzt mit dem Wiedersehen Tells mit seiner Familie ein, die ihn stürmisch begrüßt. Die Begegnung zwischen Tell und Parricida findet in Tells Haus statt, allerdings ohne die Anwesenheit Hedwigs und der beiden Kinder.
- Vorangegangen sind der Apfelschuss und die Mordtat Tells an Reichsvogt Gessler.
- Hedwig empfindet Unbehagen gegenüber dem fremden Mann. Tells Haltung gegenüber Parricida ist zweigeteilt: Einerseits verurteilt er die Mordtat Parricidas, andererseits empfindet er Mitleid und hilft im Rahmen seiner Möglichkeiten unter Berücksichtigung von Bannfluch und Acht. Parricida schwankt zwischen Hoffnung, Verzweiflung und Resignation.

- Tell betont die Unterschiede zwischen seiner Mordtat und der Parricidas. Parricida bittet Tell um Unterstützung, weil er der Meinung ist, das Gleiche wie Tell getan zu haben.

4
- 1. Sinnabschnitt: V. 1 bis 25
- 2. Sinnabschnitt: V. 26 bis 46 → **Gesprächseröffnung** (Eröffnungsphase)
- 3. Sinnabschnitt: V. 47 bis 79
- 4. Sinnabschnitt: V. 80 bis 121 → **Gesprächsmitte**
- 5. Sinnabschnitt: V. 122 bis 165
- 6. Sinnabschnitt: V. 166 bis 182 → **Gesprächsbeendigung** (Schlussphase)

5 *1. Sinnabschnitt (V. 1 bis 21):*
- Von inniger Freude geprägtes Wiedersehen zwischen Tell, Hedwig und den Kindern in seinem Haus nach der Ermordung Gesslers durch Tell
- Hedwigs Angst um ihren Mann
- Tells Zurücklassen der Mordwaffe als Zeichen des Beginns eines Lebens in Frieden, Eintracht und Gemeinschaft
- Hedwigs Zweifel an der Rechtmäßigkeit seiner Tat
- Tells Rechtfertigung des Mordes aus Notwehr zum Schutz seiner Familie und zur Errettung des Vaterlands; Bekräftigung seines reinen Gewissens

2. Sinnabschnitt (V. 22 bis 46):
- Sich-Bemerkbar-Machen des Mönchs und Tells Frage nach dem Namen des Fremden
- Hedwigs Gespür für die Schattenseite des Fremden und Empfinden von Unbehagen in dessen Nähe
- Tell wird vom Fremden als Tyrannenmörder identifiziert; Fremder stellt sich vor: befreite ebenfalls Land von einem Tyrannen durch Mord; Herausstellen der Parallelen zu Tells Tat
- Tell erkennt mit großem Schrecken den Fremden; sofortiges Fortschicken der Familie ohne Bekanntgabe des Namens des Fremden

3. Sinnabschnitt (V. 47 bis 79):
- Tells Identifizierung seines Gegenübers als Johann von Schwaben (ermordete König Albrecht I., den Onkel Parricidas)
- Parricidas Herausstellen des in seinen Augen fehlerhaften Verhaltens des Königs; Tells Empörung und Fassungslosigkeit
- Parricidas vergebliche Bitte an Tell, ihm Gehör zu schenken

- Tells Abscheu angesichts des Verwandtenmords und Vorwurf an Parricida, sich ihm gegenüber anmaßend zu verhalten
- Parricidas Hoffnung auf Barmherzigkeit durch nochmaliges Herausstellen der Parallelen zwischen ihm und Tell
- Tells entschiedenes Sich-Verwehren gegen Parricidas Vergleich, Hervorheben der Unterschiede (Ehrsucht vs. Notwehr) und deutliches Sich-Abgrenzen; Verfluchen Parricidas und seiner Mordtat
- Verzweiflung Parricidas und Bekunden seines Entschlusses zum Selbstmord

4. Sinnabschnitt (V. 80 bis 121):

- Umschwung in Tells Haltung gegenüber Parricida; Zeigen von Mitleid angesichts des jungen Alters, der adeligen Herkunft, der Verwandtschaft zu König Rudolf I. von Habsburg sowie der offensichtlichen Armseligkeit und Verzweiflung seines Gegenübers
- Parricidas Eingestehen von Neid, Gier und Rache als die wahren Motive für den Verwandtenmord; Versuch der Relativierung seiner Untat durch den Hinweis auf die ungleiche Behandlung der Erben durch Albrecht I.
- Zurückweisen durch Tell; Frage nach dem Verbleib der Helfer Parricidas
- Parricidas Bericht von seiner Flucht auf Wegen fernab jeglicher Zivilisation; Appell an Tells Menschlichkeit und Bitte um Beistand
- Einlenken Tells und Bekunden seiner Bereitschaft zur Hilfe
- Emotionaler Ausbruch Parricidas und Dankbarkeit gegenüber Tell

5. Sinnabschnitt (V. 122 bis 165):

- Tells Feststellen der Notwendigkeit von Parricidas Weggang aufgrund der Gefahr, entdeckt zu werden; Frage nach einem möglichen Zielort
- Parricidas Ratlosigkeit
- Tells Ratschlag, einen Bußgang zum Papst nach Rom zu unternehmen
- Parricidas Zweifel an der Neutralität des Papstes
- Tells Hinweis, die Haltung des Papstes als Diener Gottes anzunehmen
- Parricidas Frage nach dem Weg in das ihm fremde Land
- Tells Wegbeschreibung unter genauer Kennzeichnung der Gefahren und Deutung dieser als schicksalsmächtige Kräfte

6. Sinnabschnitt (V. 166 bis 182):

- Einleiten des Gesprächsendes durch ein akustisches Signal (das Blasen von Alphörnern) und durch das eilige Hereinkommen Hedwigs, welche die Ankunft der Eidgenossen ankündigt
- Parricidas Klage, nicht bleiben zu können

- Tells Anweisung an seine Frau, Parricida zu verköstigen und ihn mit Proviant für die Weiterreise auszustatten
- Hedwigs Frage nach dem Namen des Fremden; Abweisen der Frage durch Tell
- Parricidas Hinwendung zu Tell, um ihm zu danken; Tell unterbindet eine Annäherung schroff und geht

6 Tells Haus als Schauplatz ermöglicht Tell, seiner Familie offen, frei und herzlich zu begegnen. Der Schauplatz dient ihm mehrmals zur Verdeutlichung des Gegensatzes zwischen seinem „reine[n] Haus" (V. 58), „[d]es Herdes Heiligtum" (V. 67) und der „Ehrsucht blut'ge Schuld" (V. 64) Parricidas. Der private Rahmen ermöglicht Tell außerdem, Mitleid gegenüber Parricida zu zeigen und ihm – ungeachtet des in der Öffentlichkeit geltenden Bannfluchs – in begrenztem Maße zu helfen.

7 Für dramatische Texte – und damit auch für den vorliegenden Auszug – ist eine zeitdeckende Handlung kennzeichnend, da in den Dialogen der Figuren Spielzeit und gespielte Zeit übereinstimmen. Rückblickend wird in den Gesprächen auf die Ermordung Gesslers durch Tell und auf die Ermordung von König Albrecht I. durch Parricida Bezug genommen. Durch Hedwigs Ankündigung der Ankunft der Eidgenossen wird die nächste Szene des Dramas vorbereitet.

8 Im ersten Teil der Szene tritt Tell als glücklicher Vater und Ehemann in Erscheinung, der mit sich und seiner Mordtat im Reinen ist. Die Bedeutung der Familie für ihn wird durch die innige Begrüßung eindrücklich hervorgehoben.
Hedwig verspürt Unsicherheit gegenüber Tell und seiner Tat nach dessen Rückkehr, erkennt jedoch den Zusammenhang zwischen Tells Mordtat und der Befreiung des Landes. Sie ordnet sich den Anweisungen Tells widerspruchslos unter.
Im zweiten Teil treffen Tell und Parricida aufeinander. Die beiden sind als Kontrastfiguren angelegt, wodurch die unterschiedliche Bewertung ihrer Mordtaten dem Leser vergleichend vor Augen geführt wird. Parricida ist adeliger Herkunft. Er ermordet zu seinem eigenen Vorteil Albrecht I. Parricida ist bereits durch die Flucht gezeichnet und setzt seine letzte Hoffnung auf Tell. Als dieser ihn und seine Tat verurteilt, reagiert Parricida verzweifelt. Er erkennt jedoch schließlich seine eigene Schuld und beherzigt Tells Rat, einen Bußgang zum Papst anzutreten.

Tell zeigt sich zunächst schroff und ablehnend gegenüber Parricida, empfindet aber Mitleid angesichts dessen Verzweiflung. Tell erscheint in dieser Szene eindeutig als Held, während Parricida als Geächteter in die Einsamkeit und Verlassenheit entlassen wird.

9
- Tell: deutliche Asymmetrie der Gesprächsanteile zugunsten Tells als Hausherr; Verdeutlichung von Tells anfänglichem Entsetzen über das Erscheinen Parricidas durch Sprechpausen; Tells Unterbrechen des Gesprächspartners aufgrund seiner Abscheu gegenüber der Mordtat; Lenkung des Gesprächs mittels direkter Fragen und Ausrufe; dominierende leidenschaftliche Redeanteile; Betonung seiner überlegenen Position
- Parricida: knappere Repliken Parricidas als Ausdruck seiner Unterlegenheit; defensives Auftreten; Parricidas Versuch der Einflussnahme auf Tell, indem er sich symbolisch niederwirft; schroffes Abwehren Tells durch entsprechende Gestik
- Hedwig: von außen erzwungene Beendigung des Gesprächs durch das Erscheinen Hedwigs und die Ankunft der Eidgenossen

10 Wechsel zwischen dialogischen Passagen und monologischen Abschnitten informierenden Sprechens (z. B. Parricidas Offenlegen seiner Mordmotive; Tells Wegbeschreibung nach Rom)

11 *Beide Figuren:*
- gehobenes Sprachniveau; Sprechen im Blankvers (= fünfhebiger Jambus, reimloser Vers); Brechung der Verse durch Verteilung auf mehrere Figuren zur Steigerung und Beschleunigung der dramatischen Handlung (z. B. V. 177 ff.)
- häufiger Gebrauch von Enjambements zur Annäherung der Sprache (samt Betonungen und Pausen) an das alltägliche Sprechen (z. B. V. 31 ff.)

Wilhelm Tell:
- Freude und Erleichterung über das Wiedersehen der Familie durch zahlreiche Anreden und Ausrufe (V. 1, 6 ff.)
- Fassungslosigkeit angesichts der Tat Parricidas durch mehrfachen Gebrauch von Wiederholungen, Anaphern und Parallelismen (V. 36 ff., 41 ff., 52 ff.)
- Häufige Verwendung der Wörter „heilig“ (vgl. V. 67), „Himmel“ (V. 69) und „rein“ (V. 58), Gebrauch von Alliterationen (V. 67), Antithesen (V. 64 f.) und Chiasmen (V. 72 f.) zur Untermauerung der Unterschiede zwischen den beiden Mordtaten

Parricida:

- Ringen um eine angemessene Wortwahl durch mehrfache Gedankenstriche (V. 32 ff.) und Einschübe (V. 88)
- Häufung von Fragen (V. 74) und Ausrufen (V. 79) als Zeichen der Unsicherheit und Verzweiflung

13

	Claire Zachanassian	Wilhelm Tell	Parricida
a) Die Figur will dem Verursacher des ursprünglichen Leids Schaden zufügen.	☒	☒	☒
b) Das erlittene Leid hat einen essenziellen Teil des Lebens der Figur gefährdet oder zerstört.	☒	☒	☐
c) Die Rache ist gerecht, trifft das richtige Ziel und bleibt dabei verhältnismäßig.	☐	☒	☐
d) Die Figur, die Rache verüben will, setzt sich ernsthaft mit den Ansprüchen der Moral auseinander und wendet sich nach reichlicher Überlegung trotzdem gegen diese Ansprüche.	☐	☒	☐
e) Die Figur handelt bewusst gegen die moralische Handlungsalternative, da sonst ihr ganzes Leben falsch und verdorben wäre.	☐	☒	☐

14 *Wilhelm Tell:*

- Ausgangssituation: Wandel Tells durch den von Gessler aufgenötigten Apfelschuss; Erleben eines Willkürakts, bei dem er selbst zu einer Gewalttat an seinem Sohn gezwungen wird; ursprüngliche Abscheu gegenüber dem Mord; Entfachen seiner Rachegelüste durch Gesslers Befehl
- Rechtfertigung seiner Tat als Notwehr zum Schutz und zur Verteidigung seiner Familie und zur Rettung seines Vaterlands; Bewahren eines reinen Gewissens
- Zurücklassen der Armbrust als Mordwaffe

Parricida:

- Neid, Eifersucht, Gier und Rache als Motive für den Königsmord; Rechtfertigung der Tat aufgrund der ungerechten Behandlung durch seinen Onkel
- Erkennen seiner eigenen Schuld; Akzeptanz des von Tell vorgeschlagenen Bußgangs nach Rom

Claire Zachanassian:

- Ablehnung der abendländischen Prinzipien der Gerechtigkeit und Menschlichkeit; Abgrenzung zur Position des Lehrers (Z. 2 ff.)
- Claires Gebrauch des Begriffs „Gerechtigkeit" zur Verdeutlichung ihres Anliegens, die durch das damalige Unrecht gestörte Ordnung wiederherzustellen; Überzeugung, mit Geld „Gerechtigkeit" kaufen zu können (Z. 8 ff.)
- rigorose Forderung einer unverhältnismäßigen Bestrafung, maßloser Anspruch → Sichtbarmachen ihrer Unmenschlichkeit, die für Versöhnung keinen Raum lässt → Umwandlung des ursprünglichen Rechts in Unrecht

Gemeinsamkeiten: Sowohl Wilhelm Tell als auch Claire Zachanassian haben ihrer eigenen Wahrnehmung nach Unrecht erlitten und streben die (Wieder-) Herstellung von Gerechtigkeit an. Durch Rache wollen sie einen Ausgleich schaffen.

Unterschiede: Während Wilhelm Tell umfassend sich selbst gegenüber Rechenschaft ablegt und über die Gründe seiner Tat reflektiert, agiert Claire Zachanassian verbittert, skrupellos und kalt.

15 Trotz der Verurteilung der Tat zeigt Tell Parricida gegenüber wahre Menschlichkeit („Ihr seid ein Mensch", V. 116). Er eröffnet ihm eine Zukunftsperspektive, indem er ihm zu einem Bußgang nach Rom rät, um Seelenheil zu erlangen. Tell verrät ihn nicht an die Eidgenossen. Selbst vor seiner Familie wahrt er das Geheimnis um Namen und Herkunft. Er sorgt für Erfrischung und Verpflegung Parricidas. Außerdem nimmt er Rücksicht auf die Bedürfnisse seiner Frau: Er legt die Armbrust ab, wodurch er zukünftigen Gefahren, die mit dem Jagen und dem Tragen von Waffen verbunden sind, aus dem Weg geht. Tell stellt seine Friedfertigkeit, Rechtmäßigkeit, Hilfsbereitschaft, Ehrlichkeit und Treue unter Beweis. Er wirkt damit – ganz im Sinne Schillers – als Vorbild.

16 Tell verurteilt Parricida und dessen Tat. Angesichts der Verzweiflung Parricidas gewährt er ihm dennoch Beistand, ohne den Bannfluch zu brechen. Tell beweist dadurch seine umfassende Menschlichkeit und seine Empathie.

17 *Einleitung:* Lord Voldemort, der mächtigste dunkle Magier in der Kinder- und Jugendromanreihe *Harry Potter* von Joanne K. Rowling, will Rache an der titelgebenden Figur Harry Potter nehmen, da sein Versuch, Harry als Baby zu töten, aufgrund des Opfers der Mutter fehlgeschlagen ist. Harry ist der Einzige, der

Voldemort im Kampf um die Herrschaft gefährlich werden könnte. Das Motiv der Rache findet sich nicht nur in dieser zum modernen Klassiker avancierten Reihe, sondern ebenfalls in anderen Werken der Literatur. Auch wenn es unterschiedliche Auslöser und Anlässe für die Rache gibt, ist allen Rachegefühlen gemein, dass eine Person der Überzeugung ist, ihr sei Unrecht zugefügt worden. In Friedrich Schillers 1804 veröffentlichtem Schauspiel *Wilhelm Tell* verspürt der Protagonist Tell gegenüber dem Reichsvogt Gessler aufgrund eines Zwischenfalls Rachegefühle. Im Folgenden soll ein Auszug daraus analysiert und interpretiert sowie mit einem Auszug aus Friedrich Dürrenmatts tragischer Komödie *Der Besuch der alten Dame* aus dem Jahr 1956 hinsichtlich des Motivs der Rache verglichen werden.

Schluss: Bei Schiller und Dürrenmatt haben die Rachehandlungen der Protagonisten unterschiedliche Folgen, die vor allem im Falle von Dürrenmatts tragischer Komödie *Der Besuch der alten Dame* daran zweifeln lassen, ob hierdurch die Gerechtigkeit wiederhergestellt worden ist. Anstatt eine Rachehandlung auszuüben, wäre eine Unterredung mit der verfeindeten Person sicherlich die bessere Wahl, um eine mögliche Rachespirale frühzeitig zu verlassen und Schaden von sich und anderen abzuwenden. Dass Joanne K. Rowling diese Option beim finalen Kampf zwischen Harry Potter und Lord Voldemort vermutlich erst gar nicht in Erwägung gezogen hat, liegt auf der Hand: Das Handlungsgeschehen in *Harry Potter und die Heiligtümer des Todes* wäre um einiges langweiliger gewesen.

18 *individuelle Lösungen*

19
- ❶ Der Schwyzer Baumgarten wird von Reitern des kaiserlichen Burgvogts Wolfenschießen verfolgt, **weil / da** er den Burgvogt, der seine Frau vergewaltigen wollte, mit der Axt erschlagen hat.
- ❷ **Obwohl / Als** er den Fischer Ruodi bittet, ihn über den Vierwaldstätter See zu rudern, weigert sich dieser wegen eines drohenden Gewitters.
- ❸ Tell bietet seine Hilfe an **und** rudert Baumgarten über den See.
- ❹ Die zu spät kommenden Verfolger nehmen Rache, **indem** sie die Schafe der Anwesenden töten und die Fischerhütte in Brand stecken.
- ❺ In der Bevölkerung beginnt sich Widerstand gegen die Willkürherrschaft der Vögte zu regen, **aber** Tell rät zunächst zum Abwarten.

❻ **Nachdem** die Urkantone Uri, Schwyz und Unterwalden bei einer geheimen nächtlichen Versammlung auf dem Rütli ein gemeinsames Vorgehen gegen die Vögte vereinbart haben, wird die Übereinkunft durch den Rütlischwur besiegelt.

❼ **Weil** Tell in ein Gespräch mit seinem Sohn Walther vertieft ist, ignoriert er den Hut des Reichsvogts Gessler auf dem Marktplatz in Altdorf.

❽ **Als** Gessler Tell befiehlt, einen Apfel vom Kopf seines Sohnes zu schießen, bittet Tell um Gnade.

❾ **Obwohl** die Umstehenden versuchen, Gessler umzustimmen, bleibt Gessler bei seinem Befehl.

❿ **Als** Tell gesteht, dass im Falle eines Scheiterns ein zweiter Pfeil dem Vogt gegolten hätte, lässt Gessler ihn verhaften und nach Küßnacht auf seine Burg bringen.

20 **Die Tell-Sage**

Das Motiv vom Apfelschuss taucht in mehreren europäischen Sagen auf. Sie stimmen darin überein, dass der Held einen Apfel vom Kopf seines Kindes zu schießen hat und dass er einen Pfeil bereithält, um im Falle eines Fehlschusses denjenigen zu töten, der ihm den Befehl gegeben hat. In allen Sagen gelingt der Meisterschuss.
Die älteste Version der Sage wird vom Mönch Saxo Grammaticus über den dänischen Helden Toko überliefert. Ihm wird der Schuss von König Harald Blauzahn befohlen. Um 1200 wurde die dänische Legende verschriftlicht und fand dann Einzug im „Weißen Buch von Sarnen“ (1472) und in Verbindung mit allen historischen Komponenten um 1550 im *Chronicon Helveticum* von Aegidius Tschudi.
Die Chronik von Tschudi entlieh Friedrich Schiller im Jahr 1802 aus der Weimarer Hofbibliothek zur Vorbereitung seiner Arbeit am *Wilhelm Tell.* Nach der Mehrheitsmeinung der Historiker in- und außerhalb der Schweiz hat Tell niemals seine Pfeile durch die Schweizer Luft geschossen. Der berühmte Held von Schillers Drama ist frei erfunden.

21 a) Tell bekennt: „Und doch erbarmt mich deiner – Gott des Himmels!“ (V. 80)
b) „Was ich vermag“, erklärt Tell, „das will ich tun.“ (V. 118)
c) „Wer seid ihr?“, erkundigt sich Tell (V. 30).

22 Parricida gesteht, dass **er** alle offenen Straßen **meide**, an keiner Hütte anzuklopfen **wage** und der Wildnis seine Schritte **zukehre**. Schaudernd **fahre er vor sich selbst** zurück, sobald ein Bach **ihm sein** unglückseliges Bild **zeige**. Flehend bittet er Tell, ihm zu helfen, wenn **dieser mit ihm** Mitleid **fühle** (vgl. V. 104 bis 110).

Interpretation epischer Texte

1 *Beschreibung des Panels:* Kopf eines jungen Mannes in Jacket, weißem Hemd und Krawatte; gehobene kräftige Augenbrauen, gehobene Augenlider, angsterfüllte Augen, mit einem Tuch verbundener Mund, herabgefallene Kinnlade; im Hintergrund radial angeordnete Strahlen, Konzentration der Blickrichtung auf den Kopf in der Bildmitte; Beschränkung des Bildausschnitts auf den Oberkörper
Bezüge zum Motiv Entführung: Hinweis auf eine Situation der Bedrohung durch den Ausdruck von Angst und Schrecken in den Augen des jungen Mannes; Knebeln des jungen Mannes, um ihn am Rufen und Schreien zu hindern; Betrachterstandpunkt entspricht der Bewegungsrichtung, aus der die Bedrohung kommt; Aufbau von Spannung

2 **Entführung**
Sie haben mich hierher geschleppt, ich weiß nicht, wo ich bin.
Du bist in unserer Gewalt!
Ich soll Farbe bekennen, ich weiß nicht, warum, wozu.
Du bist in unserer Gewalt!
Ich soll nach ihrer Pfeife tanzen.
Ich weiß nicht, für wie lange.
Du bist in unserer Gewalt!
Meine Gedanken sind frei?!

3
- *Ort und Zeitpunkt des Geschehens:* Zürich (Z. 101), Tramlinie 8 (Z. 8) mit den Haltestellen Bellevue-Platz (Z. 1), Bürkliplatz (Z. 26) und Paradeplatz (Z. 56); früher Nachmittag (Z. 1 f.)
- *Figuren:* Ich-Erzählerin: Tramfahrerin, seit zwei Jahren geschieden (Z. 86), eine Tochter Marianne, die bei ihrem Vater lebt (Z. 81 ff.); Fahrgast Henri, in den sich die Ich-Erzählerin auf Anhieb verliebt

- *überraschendes Ende:* trotz des Unfalls keine Vorwürfe, sondern Wunsch des ortsunkundigen Henri, die Straßenbahnfahrerin kennenzulernen

4
- *1. Sinnabschnitt (Z. 1–9):* Die Ich-Erzählerin überfährt mit der Straßenbahn beinahe einen Mann, der kurz vor einer Haltestelle die Straße überquert. Dieser Zwischenfall löst heftiges Herzklopfen bei der Straßenbahnfahrerin aus, das jedoch dem Mann selber gilt.
- *2. Sinnabschnitt (Z. 10–37):* Die Straßenbahnfahrerin wartet an dieser Haltestelle unüblich lange auf Fahrgäste, um die Beschwerde eines Fahrgastes, die sie vor Kurzem in einem Leserbrief in der lokalen Presse gelesen hat, zu widerlegen. Unterdessen ist der Mann, den sie fast überfahren hätte und der sich am Ende als Henri vorstellt, in ihre Bahn eingestiegen. Während der Weiterfahrt beobachtet die Ich-Erzählerin den Mann, der ihr auf Anhieb gut gefällt, so genau, dass sie sich nur mit Mühe auf die Strecke konzentrieren kann.
- *3. Sinnabschnitt (Z. 38–63):* Als der Mann sich bei ihr erkundigt, ob er in der richtigen Straßenbahn sitze, belügt ihn die Ich-Erzählerin, um ihn als Fahrgast nicht zu verlieren.
- *4. Sinnabschnitt (Z. 64–88):* Im Weiteren reflektiert die Ich-Erzählerin die Trostlosigkeit ihres beruflichen Alltags sowie das Scheitern ihrer Ehe. Eines Tages hat sie, als sie wegen eines Schichttausches früher als gedacht nach Hause gekommen ist, ihren Mann in flagranti bei einem Seitensprung ertappt. Daraufhin wurde ihre Ehe geschieden. Seitdem wohnt die Tramfahrerin allein, da die Tochter sich entschieden hat, beim Vater zu leben.
- *5. Sinnabschnitt (Z. 89–107):* Die Ich-Erzählerin träumt davon, die ungeliebten Fahrgäste aus der Straßenbahn hinauszuwerfen und Henri an einen idyllischen Ort zu entführen. Da ein solcher Platz nicht mit der Straßenbahn zu erreichen ist, beschließt sie von einem Augenblick auf den anderen, die Strecke zu ändern und Henri an seinen Zielort zu fahren.
- *6. Sinnabschnitt (Z. 108–112):* Die Ich-Erzählerin biegt jedoch mit zu hoher Geschwindigkeit ab, sodass die Straßenbahn aus den Gleisen kippt und die Straßenbahnfahrerin das Bewusstsein verliert.
- *7. Sinnabschnitt (Z. 113–124):* Als sie wieder das Bewusstsein erlangt und registriert, dass sie eingeklemmt ist, ist Henri bei ihr und erkundigt sich nach ihrem Befinden. Er stellt sich vor und äußert den Wunsch, sie kennenlernen zu dürfen.

5 • weitgehende Beschränkung auf die Perspektive und die subjektiven Wahrnehmungen der Straßenbahnfahrerin durch in der Regel personales Erzählverhalten in der Ich-Form; Erzählperspektive = Erlebnisperspektive
- häufiger Wechsel zwischen Außenperspektive (z. B. Z. 1–6, 19–28) und Innenperspektive (z. B. Z. 45–50, 64–88, 94–101) → Verringerung der Distanz des Lesers zum erzählten Geschehen; Erhöhung der Unmittelbarkeit und Authentizität
- wechselseitige Erhellung von äußerer und innerer Handlung: Frustration der Ich-Erzählerin über die Eintönigkeit ihres Berufsalltags und ihres Privatlebens als Motivation dafür, den gewohnheitsmäßig eingeschlagenen Kurs abrupt zu verlassen und neue Wege zu gehen → Gestaltung eines Spannungsbogens

6 • weitgehende Zeitraffung bei der Darstellung der Fahrt mit der Straßenbahn (Z. 1–37); Zeitdeckung beim Gebrauch der wörtlichen Rede (Z. 42, 52 f.); Zeitdehnung bei der Wiedergabe der Gedanken der Straßenbahnfahrerin (auf die Frage Henris nach der richtigen Straßenbahn) sowie bei der Wiedergabe der Geschehnisse während des Unfalls (Z. 108–112)
- Verschränkung verschiedener Zeitebenen: Rückblende bei der Reflexion der beruflichen und privaten Situation der Ich-Erzählerin (Z. 64–88) → Wecken von Sympathie für die Protagonistin
- Simultaneität bei der Wiedergabe der Geschehnisse während des Unfalls (Z. 108–112) → Suggestion eines unmittelbaren Miterlebens

7 • Großstadt als Handlungsschauplatz; die Haltestellen gehören zu den wichtigsten Verkehrsknotenpunkten der Stadt Zürich → Einsamkeit eines Menschen inmitten einer anonymen Menschenmenge
- Symbolik der Trambahnfahrt: Leben als Reise, als Unterwegssein
- Gleise zur Verdeutlichung von Monotonie im menschlichen Leben
- Straßenbahn als geschützter Raum zwischenmenschlicher Begegnung trotz vieler anderer Fahrgäste und weiterer Passanten in der Großstadt

8 • *Erzählerrede:* Bericht (Z. 1 ff.), Beschreibung (Z. 19 ff.), szenische Darstellung (Z. 38 ff., 59 ff., 117 ff.)
- Einflechtung von Kommentaren im Verlauf des Geschehens als innerer Monolog zur Verdeutlichung einer distanzierten Haltung der Ich-Erzählerin gegenüber ihrem Beruf (Z. 28 ff., 96 ff.)

- *Figurenrede:* geringer Anteil der direkten Rede; Verzicht auf Anführungszeichen (Z. 42, 52 f., 117, 121 ff.) → fließender Übergang zwischen den unterschiedlichen Redeformen; Dominanz der Erzählerrede; Hervorhebung der wenigen, aber entscheidenden Äußerungen Henris

9

- Kennzeichnung der Nebenfiguren als Typen ohne eigenes Profil, von denen mehrheitlich im Plural die Rede ist („die Fahrgäste", Z. 27; „Hausfrauen", Z. 71; „Jugendliche", Z. 73 f.) oder unter Verwendung des unbestimmten Artikels („eine alte Oma", Z. 76)
- Nebenfiguren aus dem familiären Umfeld: aus subjektiver Perspektive der Hauptfigur charakterisiert (unter Verwendung des Possessivpronomens „mein" bzw. „meiner"); Ausdruck der Distanz zwischen der Hauptfigur und den Nebenfiguren: durch die wiederholte Verwendung der Bezeichnung „Frau Hess" für die Lehrerin der Tochter und durch den Hinweis auf Vaterrolle und -funktion bei der Erwähnung ihres Ex-Mannes (vgl. Z. 86)
- Anbahnen einer Liebesbeziehung zwischen der Protagonistin und dem Unbekannten in ungefähr gleichem Alter („nicht mehr ganz jung", Z. 22); Fokussierung auf das Paar inmitten der Anonymität des Großstadtlebens

10 *Ich-Erzählerin:*

- Empfinden von Eifersucht beim bloßen Gedanken an eine attraktive Kollegin als eventuelle „Nebenbuhlerin" (Z. 47 ff.); Hartnäckigkeit im Bemühen, Henri als Fahrgast bei sich zu behalten (Z. 51 ff.); Sanftheit und Zärtlichkeit bei der Ansage des nächsten Haltepunktes als „Liebeserklärung" (Z. 92 ff.)
- bewusstes Handeln gegen die mahnende Stimme ihres Verstandes („Was tust du, flüsterte ich, was tust du da? Bist du verrückt?", Z. 58 f.)
- Aufblitzen von Selbstironie beim Bekunden von übertriebener Ehrerbietung bei gelegentlich dankbaren „alten Oma[s]" (Z. 76 ff.); Rückfall in mädchenhaftes Verhalten im Zustand des Verliebt-Seins („Dann musste ich unwillkürlich kichern", Z. 96 f.)
- pragmatische, geringschätzende Einstellung der Ich-Erzählerin zu ihrem Beruf aufgrund des niedrigen Anspruchsniveaus ihrer Tätigkeit („Nach kurzer Zeit schon fährt man wie im Schlaf, gewissermaßen wie ein Automat", Z. 31 ff.), aufgrund der fehlenden Akzeptanz seitens vieler Fahrgäste, aufgrund der Launen der Fahrgäste und aufgrund der wenigen Gelegenheiten zur Kommunikation
- negatives Selbstbild als Straßenbahnfahrerin („müde, verschwitzt, in dieser furchtbaren Uniform, die auch schon zu eng wurde", Z. 83 f.)

- Empfinden von Hilflosigkeit bei der Entdeckung des Ehebruchs; geringes Selbstwertgefühl im beruflichen (Z. 30 ff.) und im privaten Bereich (Z. 83 ff.)
- bringt das Scheitern ihrer Ehe unmittelbar mit ihrem Beruf zusammen; Schichtdienste als unüberwindbares Hindernis für ein glückliches Familienleben

Henri:

- „nicht mehr ganz jung“, „sehr dünn“; unbeholfenes Auftreten (Z. 19 ff.); spricht leise, höflich, mit starkem Akzent (Z. 43); ist fremd in der Stadt
- Beschreibung als eher unheldenhafter Typ („lächerlich kleine[n] Brille“, Z. 21), „ungeschickt“ (Z. 23), „umständlich“ (Z. 24) → Kontrast zu der ersten Wahrnehmung Henris durch die Straßenbahnfahrerin, die sein Auftreten als nahezu göttlich darstellt („Der Wind fuhr durch sein Haar. Sein Schritt war leicht. Grüne Hosen flatterten um seine Beine“, Z. 4 f.)

11

- mehrfache Verwendung des unpersönlichen Personalpronomens „man“ bei der Beschreibung des beruflichen Alltags einer Straßenbahnfahrerin zur Betonung der Allgemeingültigkeit sowie der Unausweichlichkeit des privaten Scheiterns (vgl. Z. 65 ff.)
- Wechsel zu dem Personalpronomen „ich“ bei der Schilderung der Entdeckung des Ehebruchs; Betonen der Hilflosigkeit und Erstarrung durch exponierte Stellung am Satzanfang und durch Wiederholung („Ich stand in der Tür“, „ich stand da“, Z. 83 f.) und durch Negationen („Ich konnte nichts sagen“, „Ich wunderte mich auch nicht sehr“, Z. 84 f.); antithetische Gegenüberstellung der dreimal verwendeten, distanzierend wirkenden Bezeichnung „Frau Hess“ (Z. 81, 87) und den Possessivpronomen in den Wendungen „meiner Tochter Marianne“ (Z. 81), „auf meinem halbweißen Wohnzimmerteppich, nackt um meinen Mann geschlungen“ (Z. 82) zur Kennzeichnung des bis dahin ungetrübten privaten Glücks
- Gebrauch kurzer, teilweise elliptischer Imperative zur Veranschaulichung der angedachten Entführung Henris (Z. 97 ff.); Einschub einer umfangreicheren Lokaladverbiale („an einem dieser ruhigen, schattigen Plätze, an denen man ganz sicher ungestört ist …“) und dreier Auslassungspunkte (Z. 100 f.) zur Entschleunigung beim Erträumen eines ruhigen Platzes im Züricher Straßenbahnnetz
- Häufung von Lautmalereien und Alliterationen im Augenblick des Unfalls („kippte“, „krachte“ „kreischte“, Z. 112); Vermittlung der Gleichzeitigkeit akustischer Eindrücke durch die anaphorische Wiederholung „Ich hörte“

(Z. 114 f.); akkumulierende Aneinanderreihung haptischer und visueller Effekte zum Erzeugen von Simultaneität (Z. 118 ff.)

12
- *Definition:* Eine Entführung ist eine Straftat, bei der eine oder mehrere Personen gewaltsam verschleppt und unter Zwang an einem unbekannten Ort festgehalten werden. Es gibt verschiedene Gründe für eine Entführung. Ziel ist häufig die Forderung nach Lösegeld.
- Verwerfen des Gedankens, Henri zu „entführen“ (Z. 96), aufgrund der Tatsache, dass es keinen Ort im Züricher Straßenbahnnetz gebe, an denen „man ganz sicher ungestört ist“ (Z. 100 f.); alternativer Plan, den Streckenplan spontan zu ändern und den Fremden an seinen Zielort zu bringen
- geplante „Entführung“ kein krimineller Akt; Vertrauen des „Opfers“ in die Tramfahrerin nach Zusicherung der richtigen Streckenführung; nonverbale Kommunikation zwischen „Opfer“ und „Täter“ bei der Ankündigung der nächsten Haltestelle als „Liebeserklärung“ (Z. 92 f.)
- Entführungsidee ist irrealer Tagtraum, da Tram an Wegführung gebunden bleibt

13
- Die kurz auftauchenden Kulissen und Requisiten in der zweiten Strophe („seidene Leiter“, „Park“) schaffen zunächst einen romantischen Rahmen, der jedoch gleichzeitig zerstört wird.
- Die Frau erlebt die Geschehnisse passiv mit. Der Mann agiert aktiv (vgl. V. 8 f.).
- Die verhängnisvollen Folgen der allmählichen Entfernung vom Elternhaus werden durch die Wiederholung des „weiter“ und durch die Auslassungspunkte angedeutet. Auf den entscheidenden Moment der Hingabe folgen Verunsicherung und Zweifel. Die Frau erlebt die Entfremdung in doppelter Hinsicht: vom Geliebten, dessen verbale Zusicherung von Nähe lediglich eine äußere Tatsache, nicht aber die eigentliche Wahrheit ausdrückt; von sich selbst, da die Frau sich nur in sich selbst zurückziehen kann. Ihre Gesten verdeutlichen ihre Einsamkeit.
- Die Aufmerksamkeit des Lesers wird in dem Gedicht von Rilke auf das Schicksal der Entführten gelenkt. Die paradoxe Lage der Frau besteht darin, dass sie gerade nach dem mutigen Schritt, das Elternhaus zu verlassen und in die „Entführung“ durch den Mann einzuwilligen, nur das bestürzende Gefühl der Entleerung und Entfremdung in sich hat.
- Das Personalpronomen „er“ in der 3. Person Singular (V. 8) meint zunächst den Mann als Entführer. Mit der Vollendung der Flucht wird dieser durch den

schwarzen Wagen ersetzt (V. 10 ff.). Das als Leichenwagen beschriebene Gefährt, mit dem Todesnähe assoziiert werden kann, umgibt die Frau schicksalhaft. Sie ist ihm vollkommen ausgeliefert.

- Die Kluft zwischen Hoffnung und Enttäuschung entlarvt den Abschlusssatz als Verhöhnung einer trügerischen Liebeserwartung.

14 *Gemeinsamkeiten*

- keine Entführung im juristischen Sinn
- Erleben von Liebe
- Gefühl der Einsamkeit in missglückten Liebesbeziehungen
- Momente der Gefahr

Unterschiede

- Aktivität der Protagonistin in Mosers Erzählung *Die Entführung* im Werben um den Mann; spontaner und als verrückt bezeichneter Kurswechsel der Tramfahrerin ↔ Passivität der Frau in Rilkes Gedicht *Die Entführung*; Verlust ihrer Selbstbestimmtheit durch die Entführung
- Lebens- und Liebeslust trotz des Scheiterns der Ehe und der Eintönigkeit im Beruf in Mosers Erzählung ↔ Niedergeschlagenheit, Verunsicherung und Zweifel in Rilkes Gedicht
- Wunsch nach gegenseitigem Kennenlernen von Mann und Frau und Happy End in Mosers Erzählung ↔ unaufhebbare Distanz zwischen den Liebenden und Todessehnsucht in Rilkes Gedicht

15

- „Mut zur Groteske" (Z. 7 ff.): grotesk anmutender Entschluss der Straßenbahnfahrerin, die Route zu verlassen und den fremden Fahrgast an seinen Zielort zu bringen
- „Schnoddrigkeit" (Z. 8 f.): schnoddrige Kommentare der Ich-Erzählerin angesichts eigenen Fehlverhaltens, z. B. Kauf von Schokoladenstängel als Vorwand für einen Plausch mit den Kioskverkäufern mit dem Nebeneffekt, „in kürzester Zeit dick und fett" zu werden (Z. 69); überhöhende Selbststilisierung als „Engel" nach dem Entschluss, Henri an seinen Zielort zu fahren (Z. 105 ff.)
- „Witz" (Z. 7): Einschub von Sequenzen, die für Komik sorgen, z. B. durch die Personifizierung der Straßenbahn im Augenblick des Unfalls (Z. 109 ff.) und durch die Beschreibung der Fahrgäste, die beim Leser sowohl Mitleid als auch eine gewisse Schadenfreude hervorrufen

- „Stilbrüche" (Z. 8): Spannungsverhältnis zwischen Titel und Erzählung → Erzeugung von Komik und Ironie angesichts der Wahl einer Straßenbahn als Schauplatz des Geschehens

16 *Interpretationsthese: Die Entführung* beschreibt die zufällige Begegnung zwischen zwei gewöhnlichen Menschen in einer Großstadt unter Alltagsbedingungen. Diese Begegnung hat für beide schicksalhafte Folgen, da sie es wagen, aus ihren gewohnten Bahnen auszubrechen, und voreinander ihre Liebessehnsucht und -bereitschaft zu erkennen geben.
Fazit: Obwohl die Hauptfigur gegen ihre Berufspflicht verstoßen hat, vom vorgeschriebenen Weg abgewichen ist und dadurch sogar einen Unfall verursacht hat, kommt sie dennoch oder gerade deswegen an ihr Ziel: Sie lernt Henri näher kennen.

17 *Einleitung:* Prägend für alle Entführungsfälle auf der Kinoleinwand war der britische Filmregisseur Alfred Hitchcock. In seinem Film *Der Mann, der zuviel wusste* aus dem Jahr 1956 schickt er die Familie McKenna in den Urlaub nach Marokko, der sich für sie zu einem echten Albtraum entwickelt. Ihr Sohn Hank wird von Unbekannten verschleppt. Die McKennas machen sich auf eigene Faust auf die Suche nach ihrem Sohn. Sie erfahren, dass die Entführung Teil einer Verschwörung ist, bei der ein Politiker getötet werden soll. Entführungen sind nicht nur im Film dazu geeignet, den Zuschauern ein Höchstmaß an Spannung zu bieten, sondern auch in Werken der Literatur greifen Autorinnen und Autoren auf dieses Motiv zurück. Dass dabei bewusst mit den Erwartungen der Leserschaft gespielt wird, zeigt die 1992 erschienene Kurzgeschichte *Die Entführung* von Milena Moser. Diese soll im Weiteren analysiert und interpretiert und mit dem Gedicht *Die Entführung* von Rainer Maria Rilke aus dem Jahr 1908 verglichen werden.

Schluss: Der Protagonistin in Milena Mosers Kurzgeschichte *Die Entführung* ist zu wünschen, dass sie – trotz des verheerenden Unfalls – ihrem privaten Glück ein Stück nähergekommen ist. So wie ihr Mut und ihre Entschlossenheit dazu beigetragen haben, ihr Leben zu ändern, so bedarf es auch in dem Film *Der Mann, der zuviel wusste* des Mutes und der Entschlossenheit von Jo McKenna, den Entführer beim finalen Kampf außer Gefecht zu setzen und sich und ihren Sohn Hank zu befreien. So folgt auch auf diese Entführung ein Happy End.

18 *individuelle Lösungen*

19 Die Protagonistin in Milena Mosers Erzählung *Die Entführung* bringt das Scheitern ihrer Ehe mit ihrem Beruf in Verbindung, **bei dem sie** „sehr früh morgens oder sehr spät abends" (Z. 78) arbeitet. **Als** sie wegen eines Schichttausches einmal früher nach Hause kommt, ertappt sie ihren Mann in flagranti bei einem Seitensprung. Die Geliebte ist die Lehrerin ihrer Tochter. Die Ehe wird geschieden. Die Straßenbahnfahrerin lebt **seitdem** allein in der ehemals gemeinsamen Wohnung. Ihre Tochter ist nicht bei ihr geblieben, **da diese** sich entschieden hat, zum Vater zu ziehen. Die Protagonistin leidet unter einem geringen Selbstwertgefühl. Sie lässt sich von den Fahrgästen schlecht behandeln, **dennoch** versucht sie, es ihnen recht zu machen. Die Fahrgäste trauen ihr als Frau den Beruf der Straßenbahnfahrerin nicht zu, **obwohl er** in **ihren** Augen mehr als anspruchslos ist.

20 *Schreibung von Zahlwörtern:* z. B. „Keine zwei Meter von mir entfernt." (Z. 3 f.); „fuhr ich die Acht zur Haltestelle" (Z. 8); „nicht zum ersten Mal" (Z. 13); „Ich ließ als Erstes den Teppich auswechseln." (Z. 88)
Schreibung von Zeitangaben: „nachmittags gegen halb zwei" (Z. 1 f.); „Einer, der morgen nicht mehr hier wäre." (Z. 44 f.); „Man arbeitet sehr früh morgens oder sehr spät abends" (Z. 78)
Schreibung von Herkunftsbezeichnungen: „Aber solche Plätze gibt es nicht im Züricher Tramnetz." (Z. 101)

21 *Relativsätze:* Z. 37, 44, 61, 75, 79, 83 f., 87, 100, 114
dass-Sätze: Z. 26, 31, 49, 50, 60, 67, 72

Sachtexte analysieren und erörtern

1 *Beschreibung des Panels auf der Kapitelanfangsseite:*
- *Hintergrund:* Darstellung einer Brücke (vermutlich in Venedig), zahlreiche Touristen überqueren die Brücke
- *Vordergrund:* Darstellung mehrerer Gondelfahrten mit vielen Touristen in venezianischen Gondeln; Steuerung mit einem Ruder; typische Kleidung der Gondoliere: gestreiftes T-Shirt, Strohhut mit Band

- Aussage: Erwecken des Eindrucks einer Touristenschwemme; Kontrast: Anpreisung einer Gondelfahrt als eines der romantischsten Erlebnisse in Venedig ↔ Besucheransturm

Beschreibung der Panels aus dem Reisebuch „Venedig“:

1. Panel:

- *rechte Bildhälfte:* einfache Wohnhäuser, die zum Kanal ausgerichtet sind; schlichte Gestaltung der Fassaden; Dachantennen; vereinzelte Weinranken, Sträucher und Bäume; Fahren eines Motorbootes auf dem Kanal, Wellenbewegung
- *Bildmitte:* Verbindung zwischen rechtem und linkem Ufer durch eine Brücke aus einem einzelnen Rundbogen; Anlegeplatz für Boote unter der Brücke
- *linke Bildhälfte:* etwas vornehmere Wohnhäuser mit offenem Kai zum Kanal; kleine Säulenvorhalle; wenige Fußgänger, Sichtbarwerden des Kreuzfahrtschiffes

2. Panel:

- Fahrt des Motorbootes in Richtung der Brücke
- Kreuzfahrtschiff in der Bildmitte

3. Panel:

- *Standort des Betrachters:* Blickrichtung entspricht der Mittelachse des Bildes; Kreuzfahrtschiff dominiert das Geschehen durch seine gewaltigen Dimensionen (beachtliche Anzahl von Kabinen auf mehreren Stockwerken, viele Rettungsboote, Schiffsradar und mächtiger Schornstein)
- Lenken der Aufmerksamkeit auf das Kreuzfahrtschiff; Versperren des Blicks über die Brücke in die Ferne durch das Kreuzfahrtschiff

Darstellung Venedigs in den Panels: Erzeugen eines Kontrasts zwischen der Beschaulichkeit der Lagunenstadt und der gewaltigen Größe des modernen Kreuzfahrtschiffes sowie zwischen den wenigen Passanten in der Stadt und den vielen (nicht sichtbaren) Passagieren auf dem Schiff
Aussage der Panels: Kritik am Massentourismus; Hervorheben der Besonderheiten der Lagunenstadt (Architektur, Wasserwege)

2 *individuelle Schülerantworten*

3 Der Autor Jochen Temsch ist vermutlich der Ansicht, dass zu viele Touristen an beliebte Urlaubsorte reisen. Sie sollten besser zu Hause bleiben, um mögliche Probleme, die durch den Massentourismus verursacht werden, zu vermeiden.

4 *Wer?* Touristen und Einheimische bzw. Menschen, die in Touristenorten leben
Wann? im Jahr 2017
Wo? Touristenhochburgen im westlichen Mittelmeer: Spanien, Balearen-Inseln, Barcelona, Venedig, Rom
Was? Kritik am Massentourismus; Phänomen des Overtourism
Wie? Reaktion: Widerstand bzw. meist friedlicher Protest der einheimischen Bevölkerung gegen Urlauber an beliebten Orten
Warum? schlechtes Benehmen der Urlauber; steigende Zahlen bei Städte- und Kurzreisen sowie bei Kreuzfahrten; zu schnelle Entwicklung des Massentourismus; negative Folgen des Individualtourismus; mangelnde politische Entscheidungen zur Eindämmung des Overtourism

5 *Einleitung* (Z. 1–21): Situationsschilderung = Ansturm auf beliebte Urlaubsorte im westlichen Mittelmeer; Ausführen eines Beispiels = Anlegen von fünf Kreuzfahrtschiffen im Hafen von Palma
Hauptteil (Z. 22–91): Benennen des zentralen Themas = Kritik am Massentourismus; Entfaltung der Argumentation und Ausführung verschiedener Beispiele zur Untermauerung der Thesen; Berufung auf Autoritäten aus der Tourismusbranche und aus der Stadtplanung
Schluss (Z. 92–94): Anknüpfen an das Beispiel in der Einleitung = Rahmung des Hauptteils

6 *industrielle Arbeitswelt (Z. 24 f.):* Ersetzen der menschlichen Arbeit durch Maschinen (Ende des 18. Jahrhunderts); Beginn der arbeitsteiligen Massenproduktion (Anfang des 20. Jahrhunderts); Einsatz von computergesteuerten Robotern in der Arbeitswelt (seit Ende der 1970er-Jahre)

rüpelhaft (Z. 28): frech, grob, ohne Benehmen, unhöflich

Bürgerinitiative (Z. 38): selbstständiger Zusammenschluss von Bürgerinnen und Bürgern, die ein gemeinsames Interesse verfolgen und aktiv Maßnahmen zur Durchsetzung ihrer Ziele organisieren (z. B. Sammeln von Unterschriften, Verfassen einer Petition, Abhalten von Demonstrationen)

Franchise-Ketten (Z. 42): Kooperationsform der partnerschaftlichen Zusammenarbeit zwischen rechtlich selbstständigen Unternehmen zum Zwecke der gemeinsamen wirtschaftlichen Expansion

Zivilgesellschaft (Z. 51): Gesamtheit der engagierten Bürgerinnen und Bürger in einem Land, tragende Säule der Gesellschaft neben Staat und Wirtschaft

Bengalos (Z. 57): Feuerwerkskörper
prekär (Z. 85): schwierig, heikel, problematisch
skurril (Z. 88): eigenwillig und bizarr, seltsam

7

Z. 37–55	Widerstand der einheimischen Bevölkerung gegen Touristen an beliebten Urlaubsorten
Z. 56–65	radikale Formen des Protests
Z. 66–85	Begriff „Overtourism" und Gründe für die Entwicklung von Overtourism
Z. 86–94	begrenzte Wirkung politischer Maßnahmen zur Eindämmung des Overtourism

8 *Gliederungssignale:* „in diesem Jahr" (Z. 1), „dieser Sommer" (Z. 10), „am vergangenen Wochenende" (Z. 12), „bereits 1958" (Z. 23), „heute" (Z. 27), „in Zukunft" (Z. 32), „Mitte Juli" (Z. 56), „in diesem Sommer" (Z. 67), „diese Woche" (Z. 93)

Strukturwörter/Bestandteile der Argumentation: „weil" (Z. 2) = Begründung; „so viele wie nie zuvor" (Z. 5) = Verweis auf vorher genannten Grund; „erstmals in dieser Saison" (Z. 12) = Beispiel/Folge; „neu ist jedoch" (Z. 37) = Erläuterung; „aber" (Z. 56) = Gegenüberstellung/ Gleichzeitigkeit zweier Vorgänge; „ausgerechnet" (Z. 72) = Einschränkung; „doch" (Z. 84) = Einschränkung; „Spanien ist ausgebucht und bricht alle Rekorde." (Z. 4) = Behauptung; „Da prallten allein auf den Balearen-Inseln …" (Z. 6 ff.) = Beispiel/Beleg

9 *Argumenttypen:*
- *Faktenargumente:* z. B. Statistik der Tourismusbranche (Z. 4 ff.), Hinweise vom Naturschutzbund Deutschland auf die Feinstaubbelastung durch Kreuzfahrtschiffe (Z. 16 ff.), Statistik der Welttourismusorganisation UNWTO (Z. 35 ff.)
- *Autoritätsargumente:* z. B. Hans Magnus Enzensbergers Aufsatz „Vergebliche Brandung in der Ferne" (Z. 22 ff.), verschiedene Statements von Fachleuten: u. a. von der Leiterin der „Tourism Watch" (Z. 49 ff.), von einem Stadtforscher (Z. 74 ff.), von einem Tourismusforscher (Z. 80 ff.)
- *indirektes Argument:* z. B. Redewendung (Z. 81 ff.)

10 *Beispiellösung:* Jochen Temsch verdeutlicht in seinem Text „Geht nach Hause!" *seine Kritik am Overtourism.* Er weist darauf hin, dass bereits früher der

Tourismus als vergeblicher Ausweg aus der Berufswelt kritisiert wurde. Eine neuere Erscheinung dabei ist *heute der Widerstand der einheimischen Bevölkerung gegen Urlauber*. Er führt *zahlreiche Beispiele* an, wobei er auch die radikalen Auswüchse nicht ausklammert. Als Hauptgründe für den Overtourism nennt er *Billigflieger und Vermieter privaten Wohnraums*. Politische Entscheidungen zur Eindämmung des Overtourism schätzt er als *wirkungslos* ein.

11

Sinnabschnitt	Funktion
Z. 1–21	Verdeutlichung der Ballung von Touristen an beliebten Urlaubsorten an einem Beispiel; Positionierung des Autors
Z. 22–36	Einordnen der Kritik am Massentourismus in einen größeren Zusammenhang; Hinweis auf die Tatsache, dass auch früher bereits Kritik am Massentourismus geübt worden ist; Benennen des Schwerpunkts heutiger Kritik; Beispiele zur Erhöhung der Plausibilität des Arguments (rüpelhaftes Verhalten von Touristen als Fehlentwicklung)
Z. 37–55	Aufzeigen der zweifelhaften Folgen des Massentourismus für die einheimische Bevölkerung; Hervorheben des wachsenden Widerstands der einheimischen Bevölkerung als Neuheit; Schärfen des Bewusstseins für die negative Entwicklung des Tourismus; Wecken von Verständnis für den friedlichen Protest der Einheimischen
Z. 56–65	Hinweis auf radikale Auswüchse des Protestes; Zurückhaltung in der Bewertung durch Vermitteln sachbezogener Informationen; Angabe aktueller Zahlen zum Touristenaufkommen im Vergleich mit den 1990er-Jahren; Ausführung drastischer Beispiele zur Verdeutlichung der Not der Einheimischen
Z. 66–85	Vermittlung einer tieferen Einsicht in die Entwicklung des Overtourism durch Benennen der Ursachen; Aufzeigen der negativen Folgen des Individualtourismus; Zugeständnis an die Gegenseite: Berücksichtigung eines Gegenarguments – Sicherung von Arbeitsplätzen in der Tourismusbranche –, das jedoch sofort abgeschwächt wird: Ausbeutung der Arbeitskräfte
Z. 86–94	Angabe verschiedener Maßnahmen gegen Overtourism; negative Bewertung politischer Maßnahmen; Rahmung des Artikels durch Nennung der Kreuzfahrtschiffe; Verdeutlichung des ungebrochenen Massenansturms auf beliebte Urlaubsorte

12
- drastische Verben zur Verdeutlichung der zunehmenden Ohnmacht der einheimischen Bevölkerung gegenüber dem Ansturm der Touristen: „verdrängen“ (Z. 43), „vertreiben“ (Z. 44), „ausharren“ (Z. 45 f.), „überrannt werden“ (Z. 46 f.)
- Personifizierung der Wellen der Kreuzfahrtschiffe und Wahl eines aktiven Verbs mit aggressivem Beiklang („rütteln“, Z. 47): Hinweis auf die Bedrohung der Stadt durch den Ansturm der Touristen
- Bilder und Metaphern: „Die Wanne ist voll.“ (Z. 1) und „die Flut potenzieller Kunden“ (Z. 15): Verdeutlichung des hohen Touristenaufkommens, Wecken von Assoziationen an eine Naturgewalt
- Hyperbeln zur Verdeutlichung der dramatischen Entwicklung: „Sommer der Superlative“ (Z. 10), „der rüpelhafteste Sommer aller Zeiten“ (Z. 28 f.)
- Antithese zur Verdeutlichung der gegensätzlichen Interessen von Café- bzw. Souvenirshopbesitzern und Umweltschützern (Z. 15 ff.: „... freuten sich ... Weniger glücklich ...“)
- Trikola, Parallelismen, Ellipsen (Z. 29 ff., 66 ff.) zur Erhöhung der Einprägsamkeit der Aussagen
- Wechsel von parataktischem und hypotaktischem Satzbau (z. B. Z. 1 ff.): kurze Sätze zum Festhalten von Tatsachen und für prägnante Aussagen, längere verschachtelte Sätze zur Darstellung von Zusammenhängen
- Fremdwörter („prekär“, Z. 85) und Fachausdrücke (z. B. „Manifest“, Z. 41): Ausdruck der Fachkompetenz des Autors und seines Strebens nach Sachlichkeit; Hinweis auf gebildete Leserschaft als Zielgruppe des Artikels

13

Positive Folgen des Massentourismus	Negative Folgen des Massentourismus
• Ermöglichung günstiger Reisen für viele Urlauber (Z. 4 ff., 32 ff.) • Schaffen von Arbeitsplätzen (Z. 15, 83 ff.) • Wertschätzung historischer Sehenswürdigkeiten (Z. 60 ff., 88 ff.) • Schaffen einer Vielzahl von Freizeitmöglichkeiten (Z. 76 ff.)	• schlechtes Benehmen der Urlauber am Urlaubsort: Missachtung anderer (religiöser) Traditionen, Sitten und Bräuche (Z. 27 ff.) • Einschränkung des Alltagslebens der einheimischen Bevölkerung (Z. 41 ff.) • Veränderung ganzer Stadtviertel aufgrund steigender Mieten (Z. 69 ff.) • ungleich verteilte Einkommen der einheimischen Bevölkerung aufgrund saisonaler und prekärer Jobs (Z. 84 f.)

14 *Positive Folgen des Massentourismus:*

- Schaffen von Arbeitsplätzen (5)
- Wertschätzung historischer Sehenswürdigkeiten (2)
- Schaffen einer Vielzahl von Freizeitmöglichkeiten (4)

Negative Folgen des Massentourismus:

- Schlechtes Benehmen der Urlauber am Urlaubsort (3)
- Veränderung ganzer Stadtviertel aufgrund steigender Mieten (5)
- Ungleich verteilte Einkommen der einheimischen Bevölkerung aufgrund saisonaler und prekärer Jobs (4)

15 *Positive Folgen des Massentourismus:*

- Durch Touristeneinnahmen können bedeutsame Sehenswürdigkeiten erhalten werden.
- Aufgrund der Abhängigkeit vom Tourismus können diese Reiseländer Vorreiter beim Ergreifen von Umweltschutzmaßnahmen (z. B. Plastikmüllverbote) werden.
- Der Tourismus ermöglicht das Kennenlernen anderer Menschen, Kulturen und Nationen und fördert damit das gegenseitige Verständnis.

Negative Folgen des Massentourismus:

- Der Flugverkehr stellt eine massive Umweltbelastung dar.
- Durch den Ausbau von Touristenzentren steigt in den Reisezielländern der Flächenverbrauch.
- Die lokale Kultur wird verdrängt, da sich die Menschen in den Reisezielländern an die Gewohnheiten der Touristen anpassen.

16 Der Text enthält wesentliche Merkmale eines Kommentars. Die Beispiele verweisen auf die aktuelle öffentliche Debatte zum Thema. Der Autor verwendet sprachliche Mittel, um den Leser zum Nachdenken anzuregen und zur Meinungsbildung beizutragen.

Einleitung: „La Serenissima“, die Heitere, wie Venedig auch genannt wird, ist schon lange nicht mehr heiter: Die Lagunenstadt an der Adria mit ihren Kanälen und unzähligen Kulturgütern ist seit Jahren Schauplatz einer Invasion. An einzelnen Tagen in der Hochsaison besuchen mehr als 100 000 Touristen die Stadt. Für die Einheimischen ist das nicht lustig – und letztlich nicht einmal für die Touristen selbst. Daher soll ab 1. Juli 2021 ein Eintrittsgeld für Tagestouristen eingeführt werden, um den Ansturm etwas einzudämmen. Mit den Folgen des Massentourismus setzt sich auch der Journalist Jochen Temsch auseinander. In seinem Kommentar *Geht nach Hause!*, erschienen in der Süddeutschen Zeitung am 2./3. September 2017, thematisiert er die durch den Massentourismus an beliebten Urlaubsorten verursachten Probleme für die einheimische Bevölkerung und verweist auf die Wirkungslosigkeit bislang ergriffener Gegenmaßnahmen. Der Verfasser äußert Verständnis für den wachsenden Widerstand der Einheimischen gegenüber Urlaubern und sagt angesichts der Entwicklung der Reisebranche auch künftig Konflikte zwischen den unterschiedlichen Interessengruppen voraus. Der Kommentar soll im Folgenden analysiert und erörtert werden.

Schluss: Die Welttourismusorganisation prognostiziert einen weiteren Anstieg von Städte- und Kurzreisen sowie von Kreuzfahrten. Auch in Zukunft werden sich also viel zu viele Besucher an beliebten Urlaubsorten tummeln und zum Ärgernis der Besuchten werden. Die COVID-19-Pandemie sorgt im Jahr 2020 zwar für einen Einbruch des Tourismus und lässt Klagen über Overtourism schlagartig verstummen. Doch handelt es sich hier wohl nur um eine Verschnaufpause, welche die Ambivalenz dieses Wirtschaftszweiges verdeutlicht. Der nächste Ansturm an Touristen kommt bestimmt.

17 *individuelle Schülerantworten*

18 *individuelle Schülerantworten*

19 *All-inclusive-Angebote sind eine angenehme ~~und willkommene~~ Methode der Kostenkontrolle. Der Pauschalpreis ist bereits im Vorfeld bekannt und erfordert kaum noch zusätzliche ~~und unerwartete~~ Ausgaben vor Ort. Damit sind die Gesamtkosten kalkulierbar, was gerade für Familien und preisbewusste Urlauber von Vorteil ist. Sämtliche Mahlzeiten können im Hotel eingenommen werden; die mitunter ~~aufwendige,~~ langwierige ~~und mühevolle~~ Suche nach Restaurants entfällt dadurch. Dies ist ~~einfach und~~ bequem und bietet den Rahmen für ~~lang ersehnte und~~ ausgiebige Entspannung. „All-inclusive" ist als ~~tolles~~ Angebot, nicht aber als Zwang zu verstehen. Natürlich können ergänzend immer auch ~~umliegende~~ Restaurants der Umgebung besucht werden. Gemeinsame Mahlzeiten und nächtliche Umtrunks mit anderen All-inclusive-Urlaubern erweisen sich jedoch oft als dankbare ~~und unkomplizierte~~ Kontaktmöglichkeiten. In gemeinschaftlicher Runde können ~~vergnügliche, unterhaltsame und~~ gesellige Stunden verbracht werden.*

20 Reisen ist so viel mehr als nur Erholung vom Alltag, *Reisende können neue Orte entdecken, neue Menschen und andere Kulturen kennenlernen.* Besonders durch gemeinsame Erlebnisse mit der Familie oder Freunden werden wunderbare Erinnerungen geschaffen. Doch das Reisen bringt auch Nachteile mit sich: *Flugzeuge oder Autos belasten die Umwelt mit CO_2-Emissionen,* die Natur wird durch Müll verunreinigt und zerstört. Dabei gibt es viele Möglichkeiten, einen Urlaub nachhaltig und umweltschonend zu gestalten.
Bei jedem Urlaub sollten Touristen lokale Anbieter vor Ort unterstützen – kleine Läden und Lokale leben meist vom Tourismus. *Die Besucher können zum Beispiel Souvenirs in kleinen Geschäften kaufen, in einheimischen Restaurants essen und regionale, landestypische Spezialitäten probieren.* So wird die lokale Wirtschaft gefördert, *die Urlauber kommen mit den Einwohnern in Kontakt und können andere Kulturen hautnah erleben.*

Materialgestütztes Schreiben eines informierenden Textes

1 *mögliche Markierungen und Notizen:*
Anlass: informierender Text für Projektzeitung im Rahmen einer Projektwoche an der Schule zum Thema „Fakt oder Fake? – Meinungsbildung im Zeitalter des Algorithmus".
Adressaten: gleichaltrige Schülerinnen und Schüler, aber möglicherweise auch Lehrkräfte und Eltern
Erscheinungsort des Textes: schulinterne Projektzeitung, d. h. Verlässlichkeit und Sachbezogenheit der Informationen sind wichtig
Ziel des Textes: Leserinnen und Leser (mit unterschiedlichen Vorkenntnissen) über Fake News informieren (v. a. über Funktionsweise und möglichen Schutz davor)
sprachliche und formale Aspekte: Aufmerksamkeit schaffen durch persönliche Anrede, sachliche Wortwahl, angemessene Fachsprache, prägnante und nachvollziehbare Darstellung der Zusammenhänge, Beachten des Richtwerts von ca. 1000 Wörtern

2 *individuelle Schülerantworten*

3 z. B.: Wieso gibt es Fake News? Zu welchen Themen gibt es Fake News? Wie funktionieren Fake News genau? Welche Menschen liken Fake News? Was hilft langfristig gegen Fake News? Kann der Staat Fake News verbieten?

4 M 1: Gefahr durch Fake News; M 2: Definition und Beispiele; M 3: Nutzung verschiedener Informationsquellen im Internet durch Jüngere und Ältere; M 4: Häufigkeit von Falschmeldungen; M 5: Fake-News-Leser und Umgang mit Fake News; M 6: Fake-News-Leser

5 *individuelle Schülerantworten*

6
- Rattenfänger mit kurz geschnittenem Kleid, Strumpfbeinen, Gürtel, Umhang und nach oben gebogenen Schnabelschuhen mit Glöckchen
- Kopf = aufgeklappter Laptop; Facebook-Symbol auf Bildschirm
- Spielen einer Schalmei (Holzblasinstrument); Vielzahl an Noten als Hinweis auf lauten Klang und evtl. auf verführerische Melodie; Schriftzug „Fake News" als Titel der gespielten Melodie
- Viele Ratten folgen dem Rattenfänger, laufen alle in dieselbe Richtung und stürzen in den Abgrund.

Aussage der Karikatur:
Die Karikatur verdeutlicht die Verbreitung von Fakes News durch soziale Netzwerke, die manipulierenden Absichten von Fake News und die leichte Verführbarkeit der Menschen durch Fake News.

7 Bitkom bezeichnet die Umfrage als repräsentativ. Befragt wurden im Jahr 2017 1 009 Personen ab 14 Jahren. Die Ergebnisse werden nach Altersgruppen unterschieden: die 14- bis 29-Jährigen und die 65-Jährigen und älter. Das Balkendiagramm (M 3) gibt Auskunft über die Frage, welche Quellen im Internet genutzt werden, um sich über das aktuelle Geschehen zu informieren. Interessant ist vor allem, welche Rolle die sozialen Netzwerke spielen, die – im Vergleich zu den klassischen Falschmeldungen in etablierten Medien – entscheidend sind, um Fake News zu verbreiten. Im Internet haben bei den 14- bis 29-Jährigen die Nachrichtenseiten der klassischen Printmedien (89 %), TV-Sender (71 %) sowie die Startseiten von E-Mail- bzw. Internet-Providern (70 %) sowie Radiosendern (30 %) eine hohe Bedeutung als Nachrichtenlieferanten. Lediglich jeder Fünfte nutzt soziale Netzwerke, um sich über das aktuelle Geschehen zu informieren. Selbst unter den 14- bis 29-Jährigen geben nur rund 25 % an, soziale Netzwerke (Facebook, Twitter) zu nutzen, um auf dem Laufenden zu bleiben. Insgesamt zeigt das Diagramm, dass die Bedeutung sozialer Netzwerke als Informationsquelle bei den Jüngeren offenkundig überschätzt wird. Soziale Netzwerke dienen primär der persönlichen Kommunikation.

8 *Teil 1 (M 1 bis M 3)*

Untersuchungs-aspekte	M 1	M 2	M 3
Was sind Fake News?		– ge- bzw. verfälschte Nachrichten – Widerspruch zwischen Foto und Bericht; Verfälschung wahrer Inhalte; Erfindung von Nachrichten	
Zu welchen Themen gibt es Fake News?		– Erschütterung der Glaubwürdigkeit von Politikern/Politikerinnen – Stimmungsmache in der Flüchtlingsdebatte (Beispiel: Anas Modamani)	
Wie funktionieren Fake News? Was ist ihre Absicht?	– verführen die Menschen, stellen Gefahr dar – vermitteln das Gefühl, dass viele andere Menschen derselben Meinung sind	– Erregen von Aufmerksamkeit und Neugier durch reißerische Formulierungen – Betreiber wollen Geld verdienen, indem Leser Fake News anklicken, liken und weiterleiten	
Wer schenkt Fake News Glauben?	– viele Menschen – v. a. Leute, die sich einer bestimmten Gruppe zugehörig fühlen		– bei der Verbreitung von Fake News: geringere Bedeutung der sozialen Netzwerke als ursprünglich angenommen
Wie kann man sich vor Fake News schützen?			– Bevorzugung der Nachrichtenseiten klassischer Medien im Internet – Nutzung der sozialen Netzwerke lediglich für die persönliche Kommunikation, nicht für die politische Information

Teil 2 (M 4 bis M 6)

Untersuchungs-aspekte	M 4	M 5	M 6
Was sind Fake News?			
Zu welchen Themen gibt es Fake News?		– Zuwanderung – Flüchtlinge	
Wie funktionieren Fake News? Was ist ihre Absicht?		– zielen auf Überraschung, Skandalisierung und Empörung (vgl. Boulevard-Journalismus) – Sleeper-Effekt – Wahrheitseffekt	
Wer schenkt Fake News Glauben?	– Fake News fallen 14- bis 29-Jährigen häufiger auf als über 65-Jährigen	– Menschen, die Angst haben, in der Gesellschaft den Anschluss zu verlieren – Menschen, deren Probleme nicht ausreichend in den Medien gewürdigt werden – Anhänger populistischer politischer Parteien – „Gegen Fake News ist niemand immun." (Z. 28 f.)	– ältere und konservative Facebook-Nutzer teilen öfter Fake News als 18- bis 29-Jährige; Grund: mangelnde digitale Medienkompetenz und schlechteres Erinnerungsvermögen
Wie kann man sich vor Fake News schützen?		– Ausüben von Druck auf Plattform-Betreiber – Thematisierung sozialer Missstände in den Medien (z. B. stärkeres Auseinanderdriften von Armen und Reichen) – gezieltere Vermittlung von Medienkompetenz in der Schule (Erkennen glaubwürdiger Quellen, Prüfen von Tatsachenbehauptungen etc.)	

9 Die Umfrageergebnisse in M 3 relativieren – im Gegensatz zu M 5 – die Bedeutung sozialer Netzwerke bei der Verbreitung von Fake News. Die 14- bis 29-Jährigen nutzen im Internet nicht die sozialen Netzwerke als bevorzugte Informationsquelle, sondern die Nachrichtenseiten etablierter Medien, z. B. die News-Seiten klassischer Printmedien und die Nachrichtenseiten von TV- oder Radiosendern. Als Informationsquelle stehen die sozialen Netzwerke erst an fünfter Stelle.
Die Umfrageergebnisse in M 4 bestätigen die Umfrageergebnisse in M 6, nach denen den Älteren seltener Fake News auffallen als den 18- bis 29-Jährigen. Über 65-Jährige teilen Falschmeldungen in sozialen Netzwerken häufiger als die Jüngeren.

10 *mögliche gedankliche Struktur:* 3 *(Problem, Lösung, Umsetzung)*
Zuerst soll durch Sachinformationen ein gemeinsamer Kenntnisstand aller Schülerinnen und Schüler über Fake News gesichert werden; danach können die allgemeinen Ausführungen durch Beispiele veranschaulicht werden; anschließend werden die Notwendigkeit einer gezielten Vermittlung von Medienkompetenz in der Schule herausgestellt und Tipps zum Erkennen von Fake News gegeben.

11 richtig:

a) ☒ Ich muss auf eine angemessene Textlänge achten.

d) ☒ Mein Text muss für die Adressaten gut verständlich sein und ihren Wissensstand berücksichtigen.

falsch: b, c, e, f, g

12 *In einer Publikation der Bundeszentrale für politische Bildung wird auf verschiedene Erscheinungsformen von Fake News hingewiesen:* falsche Bezüge zwischen Foto und Bericht, Verfälschungen wahrer Inhalte oder gar Darstellungen erfundener Inhalte mit dem Ziel maximaler Aufmerksamkeitserregung.
Kommunikationswissenschaftler Philipp Müller gibt zu bedenken, dass ein Verbot von Fake News wenig hilfreich und mit gravierenden Eingriffen in das Grundrecht der Meinungs- und Pressefreiheit verbunden sei.
Einer wissenschaftlichen Studie der Universitäten Princeton und New York zufolge teilen Facebook-Nutzer im Alter von 65 Jahren oder älter öfter Falschmeldungen in dem sozialen Netzwerk als andere.

13 *sinngemäße Übernahme von Informationen:*

- Erläuterung des „Sleeper-Effekts" (vgl. M 5, Z. 17 ff.)
- Schwierigkeiten beim Verbot von Fake News (vgl. M 5, Z. 31 ff.)

mögliche Zitate:

- „Medienkompetenz hilft [...], glaubwürdige Quellen zu erkennen, Tatsachenbehauptungen zu prüfen und für Folgen bedenkenloser Verbreitung von Fake News zu sensibilisieren." (M 5, Z. 49 ff.)
- „Gegen Fake News ist niemand immun." (M 5, Z. 28 f.)

14 *Lösungsvorschlag für den informierenden Text:*

Fakt oder Fake? – Warum die Vermittlung von Medienkompetenz in der Schule immer wichtiger wird *Überschrift*

Einleitung:

Das Internet birgt viele Möglichkeiten, sich über aktuelle Geschehnisse zu informieren. Schülerinnen und Schüler nutzen Online-Suchmaschinen, YouTube-Videos, Soziale Netzwerke, Wikipedia sowie journalistische Nachrichtenportale, um auf dem Laufenden zu bleiben. *Hinführung zum Thema* Angesichts der digitalen Informationsflut wird es allerdings immer schwieriger, die dargebotenen Informationen zu filtern und zu bewerten. Vor allem im Internet verbreiten sich Fake News sehr schnell. *Bezug zu M 4* Einer 2017 durchgeführten Umfrage des Branchenverbands der deutschen Informations- und Telekommunikationsbranche zufolge haben von 1 009 Befragten 40 % festgestellt, dass die Anzahl von Fake News in den letzten zwölf Monaten gestiegen ist. *Überleitung* Doch was sind eigentlich Fake News? Wie funktionieren Fake News und wie ist mit ihnen umzugehen?

Hauptteil:

Definition von Fake News Fake News sind ge- bzw. verfälschte Nachrichten, die bewusst manipuliert worden sind und den Eindruck erwecken, dass es sich um echte Nachrichten handelt. Fake News setzen auf Überraschung, Skandalisierung und Empörung. Es gibt Fake News, bei denen ein falscher Bezug zwischen einem Foto oder Bericht und einer erfundenen, reißerisch formulierten und Neugier weckenden Überschrift hergestellt wird. *Bezug zu M 2* Bei anderen Fake News werden wahre Inhalte verfälscht oder gar Nachrichten erfunden in der Absicht, dass diese möglichst oft geliked und geteilt werden und sich somit massenhaft weiterverbreiten.

Einfluss der sozialen Netzwerke Gemeinhin wird angenommen, dass soziale Netzwerke bei der Verbreitung von Fake News eine große Rolle spielen. Dass dem nicht so ist, zeigt die Bitcom-Umfrage. Nach wie vor stehen klassische Medien wie Fernsehen, Zeitung und Radio als Informationsquellen an erster Stelle. *Bezug zu M 3* 14- bis 29-Jährige nutzen im Internet bevorzugt die Nachrichtenseiten dieser Medien. Soziale Netzwerke folgen erst an fünfter Stelle. Facebook, Twitter und Snapchat werden vorrangig für die persönliche Kommunikation gebraucht, nicht jedoch für die politische Information.

Dennoch werden viele Fake News von Community-Mitgliedern geteilt oder über WhatsApp-Kettenbriefe verbreitet – insbesondere zu Themen wie Zuwanderung und Flüchtlinge. Die sozialen Netzwerke agieren dabei teils wie der Rattenfänger von Hameln, der durch sein verlockendes Flötenspiel viele gewinnt, die ihm blindlings folgen und schließlich in den Abgrund stürzen. Bekannt geworden ist der Fall des Syrers Anas Modamani, der 2015 ein Selfie mit der Bundeskanzlerin Angela Merkel gemacht hat. Dieses Foto wurde später im Internet dazu verwendet, um Anas Modamani fälschlicherweise als Terroristen oder Straftäter zu bezeichnen und damit Stimmung gegen Angela Merkels Haltung in der Flüchtlingsdebatte zu machen.

Beispiel für Fake News

Bezug zu M 1

Bezug zu M 2

Wer schenkt Fake News Glauben? In erster Linie sind es Menschen, die Angst haben, in der Gesellschaft den Anschluss zu verlieren, die sich in ihren Sorgen nicht genügend von den Medien beachtet und ernst genommen fühlen, oder Menschen, die den Ideen populistischer politischer Parteien anhängen. Diesen Menschen wird durch Fake News vermittelt, dass vermeintlich viele so denken wie sie selbst.

Zielgruppe von Fake News

Bezug zu M 5

Dennoch: „Gegen Fake News ist niemand immun". Kommunikationswissenschaftler Philipp Müller formuliert diese Erkenntnis aufgrund von Forschungsergebnissen. Studien haben ergeben, dass Menschen sich nach gewisser Zeit an die Inhalte von Nachrichten erinnern, die Quelle jedoch vergessen. Auch wenn Falschmeldungen zunächst als solche erkannt worden sind, kann es passieren, dass sich Menschen nach zeitlicher Verzögerung nur an die Falschmeldungen erinnern, nicht jedoch daran, dass diese als unwahr entlarvt worden sind.

Bezug zu M 5

trügerische Erinnerung an Falschmeldungen

Charlotte Roche, deutsche Moderatorin, Schauspielerin und Autorin, hat einmal gesagt: „Manchmal sagt man eine Lüge so oft, dass sie dann zur Wahrheit wird." Die Wissenschaft bezeichnet dies als Wahrheitseffekt. Menschen schreiben Falschnachrichten nach einiger Zeit glaubwürdigen Quellen zu, wenn sie ihnen mehrfach ausgesetzt waren. Dem sogenannten Sleeper-Effekt und dem Wahrheitseffekt erliegen auch Schülerinnen und Schüler.

Wahrheitseffekt und Sleeper-Effekt

Bezug zu M 5

Was hilft nun im Umgang mit Fake News? Strafverschärfungen sind nicht hilfreich und auch nicht durchsetzbar. Die Meinungsfreiheit ist in einem demokratischen Staat ein hohes Gut, das geschützt werden muss. Ein Verbot von Falschmeldungen würde dieses infrage stellen. Manchmal fällt es eben schwer zu beurteilen, wo eine Falschmeldung anfängt. Wer soll im Zweifelsfall festlegen, was die Wahrheit ist? Die Deutungshoheit in die Hände

Strategien im Kampf gegen Fake News

Bezug zu M 5

eines diktatorischen Staats zu legen, ist nach Kommunikationswissenschaftler Philipp Müller schlimmer als die Angst vor Fake News.

Hilfreich sind stattdessen die folgenden Strategien. Erstens: Es ist wichtig, den Druck auf die Plattform-Betreiber zu erhöhen. Falschnachrichten müssen als solche gekennzeichnet, gemeldet und innerhalb von 24 Stunden gelöscht werden. Zweitens: Die Medien müssen gesellschaftliche Probleme stärker thematisieren und dadurch eine Gesprächsgrundlage für alle Gruppen in der Gesellschaft schaffen. Damit wird einer Spaltung der Gesellschaft vorgebeugt. Drittens: Die Medienkompetenz muss noch besser und gezielter vermittelt werden.

Druck auf Plattform-Betreiber

Verantwortung der Medien

Medienkompetenz (Bezug zu M 5)

Nachdenklich stimmen die Ergebnisse einer Forschungsstudie der Universitäten Princeton und New York aus dem Jahre 2019: Facebook-Nutzer über 65 Jahren teilen Fake News öfter als die 18- bis 29-Jährigen. Gründe hierfür liegen in der mangelnden digitalen Medienkompetenz sowie in dem schlechteren Erinnerungsvermögen.

Verweis auf Studie

Bezug zu M 6

Vor diesem Hintergrund leistet gerade die Schule einen unverzichtbaren Beitrag bei der Vermittlung von Medienkompetenz. Schülerinnen und Schüler werden angeleitet, kritisch mit Informationen umzugehen, Tatsachenbehauptungen und Quellen zu prüfen. Wenn nur eine Meinung geäußert wird, ohne Erklärung, wenn es vor allem um Sensation geht oder Stimmung gemacht werden soll, dann gilt es, vorsichtig zu sein. Wenn Name, Adresse und Kontaktmöglichkeiten der Person, die für die Nachrichten auf der Seite verantwortlich ist, fehlen, besteht Anlass, an der Richtigkeit der Nachrichten zu zweifeln. Und bei Zweifel an der Richtigkeit der Nachrichten heißt es: lieber nicht liken und verbreiten.

Verantwortung der Schulen bei der Stärkung der Medienkompetenz

Erkennen von Fake News

Die Projektwoche zu dem Thema „Fakt oder Fake? – Meinungsbildung im Zeitalter des Algorithmus“ bietet den Schülerinnen und Schülern der Oberstufe die Gelegenheit, sich hierzu umfassend und differenziert mit verschiedenen Aspekten auseinanderzusetzen und sich zu positionieren. Das ist von unschätzbarem Wert für den Alltag und die Schule sowie für den späteren Beruf. *(893 Wörter)*

Schluss:

Verweis auf den Wert der Projektwoche

15 *individuelle Schülerantworten*

16 Dem Standpunkt ist dahingehend zu widersprechen, dass …
Hierzu ist festzuhalten …
Fake News sind …
Aus den Ergebnissen der Umfrage lässt sich schlussfolgern, dass …

17
- Otto von Bismarck stellt fest, dass niemals so viel gelogen werde wie vor der Wahl, während des Krieges und nach der Jagd.
- Charlotte Roche weist darauf hin, dass man manchmal eine Lüge so oft sage, dass sie dann zur Wahrheit werde.
- Martin Luther vergleicht eine Lüge mit einem Schneeball. Je länger man ihn rollen lasse, desto größer werde er.
- Jean Cocteau betont, dass ein halbleeres Glas Wasser zwar zugleich ein halbvolles sei, aber eine halbe Lüge niemals eine halbe Wahrheit.

18
- Nach Kommunikationswissenschaftler Philipp Müller teilen Community-Mitglieder oft Fake News, ohne vorher die Seriosität der Quelle zu prüfen.
  Wirkung: Autorität des Wissenschaftlers Philipp Müller im Vordergrund
- Community-Mitglieder teilen nach Kommunikationswissenschaftler Philipp Müller oft Fake News, ohne vorher die Seriosität der Quelle zu prüfen.
  Wirkung: Betonung auf Community-Mitgliedern
- Community-Mitglieder teilen oft Fake News, ohne vorher die Seriosität der Quelle zu prüfen, so Kommunikationswissenschaftler Philipp Müller.
  Wirkung: Aussage von Philipp Müller im Vordergrund
- Ohne Prüfung der Seriosität der Quelle teilen nach Kommunikationswissenschaftler Philipp Müller Community-Mitglieder oft Fake News.
  Wirkung: fehlende Quellenprüfung im Vordergrund

19 Massenmedien wurden schon seit jeher für die Verbreitung von Falschmeldungen und Propaganda missbraucht. Dies geschah nicht nur in totalitären politischen Systemen. In modernen Wahlkämpfen gelingt es sogenannten Spin Doctors, politischen Kommunikationsberatern, schon seit Jahrzehnten immer wieder, Falschmeldungen zu lancieren und die politische Berichterstattung in ihrem Sinne zu beeinflussen.

In der Bevölkerung ist eine Skepsis gegenüber traditionellen Medienhäusern und professionellen Journalisten weitverbreitet. Daraus resultiert eine Offenheit gegenüber alternativen Informationsquellen im Internet und in den sozialen Netzwerken. Hinter der Nutzung alternativer Informationsquellen steckt das Bedürfnis von Menschen, die eigenen Überzeugungen und Einstellungen zu bestätigen und in Einklang mit dem Verhalten zu bringen. Informationen werden dabei häufig selektiv ausgewählt und interpretiert. Hierdurch soll sichergestellt werden, dass sie die eigenen Ansichten stützen.

Anhang

Stilmittel	Beispiel
Akkumulation: Anhäufung von Wörtern ohne Nennung eines Oberbegriffs	*Sonne, Mond und Sterne*
Allegorie: systematisierte Metapher, die durch Reflexion erschließbar ist	*Justitia (Gerechtigkeit)*
Alliteration: aufeinanderfolgende Wörter mit gleichem Anlaut	*wunderbare Welt, Kind und Kegel, zehn zahme Ziegen*
Allusion: Anspielung	*Du weißt, was ich meine.*
Anapher: gleicher Anfang aufeinanderfolgender Sätze / Verse	*Gehe nach Hause. Gehe dorthin, so schnell du kannst.*
Anrede: Hinwendung an den Adressaten	*Meine Damen und Herren, …*
Antithese: einander entgegengestellte Begriffe, Bedeutungen oder Gedanken	*Ruhe auf dem Land, Lärm in der Stadt, Himmel und Hölle*
Aphorismus: knapp formulierter Sinnspruch	*Die Zeit heilt alle Wunden.*
Archaismus: veralteter sprachlicher Ausdruck	*Seid gegrüßt, holde Maid!*
Assonanz: vokalischer Gleichklang	*sobald, Obacht, Wohlklang*
Asyndeton: Reihung ohne Konjunktionen	*Er kam, sah, siegte.*
Chiasmus: Überkreuzstellung	*Der Einsatz war groß, klein war der Gewinn.*
Chiffre: Zeichen, dessen Inhalt rätselhaft und letztlich nicht zu erfassen ist	*Purpurne Seuche, Hunger, der grüne Augen zerbricht.*
Diminutiv: Verkleinerungsform	*Blümlein, Mäuschen*
Ellipse: unvollständiger Satz, fehlende Satzteile	*Je früher, desto besser.*

Stilmittel	Beispiel
Enjambement: Satz greift auf nächsten Vers über	*Die Wolken fliegen / über das weite Land.*
Epipher: gleiches Ende aufeinanderfolgender Sätze / Verse	*Alle lieben den Hund. Die Nachbarn reden nur noch über diesen struppigen Hund.*
Euphemismus: beschönigende Umschreibung, Untertreibung	*Wir müssen Personal abbauen. (anstatt: Wir müssen unseren Mitarbeitern kündigen.)*
Exclamatio: Ausruf	*Hoch soll er leben!*
Geminatio: unmittelbare Wiederholung eines Wortes oder Satzteils	*Geh, geh!*
Hyperbel: sehr starke Übertreibung	*Ich warte hier schon drei Millionen Jahre auf dich.*
Inversion: Abweichung von normaler Satzstellung	*Am Straßenrand eine seltene Pflanze ich sah.*
Ironie: versteckter Spott, gemeint ist das Gegenteil von dem, was geschrieben bzw. gesagt wird	*Du bist mir ja ein Superhirn!* (anstatt: *Das war dämlich von dir.*)
Klimax: (meist dreischrittige) Steigerung	*Sie kicherten, lachten, grölten.*
Lautmalerei: Nachahmung eines (Natur-)Lautes	*Klingeling, Kikeriki, Ticktack*
Litotes: Bejahung durch doppelte Verneinung	*Die Schüler sind nicht unwillig.*
Metapher: bildhafter Ausdruck mit übertragener Bedeutung, Vergleich ohne Vergleichspartikel	*Du bist die Sonne meines Lebens. Dein Haar ist flüssiges Gold. Wir stehen am Fuß des Berges.*
Metonymie: Verwendung eines Ausdrucks in übertragener Bedeutung (Gesagtes und Gemeintes stammen aus demselben Wirklichkeitsbereich)	*Deutschland jubelt, Kafka lesen, eine Tasse trinken*
Neologismus: Wortneuschöpfung	*Himmelsengelsstimme*

Stilmittel	**Beispiel**
Oxymoron: Kombination aus Wörtern, die sich widersprechen	*bittersüß, alter Knabe, Hallenfreibad, Eile mit Weile*
Paradoxon: inhaltlich unlogische und widersinnige Aussage, meist in Form eines ganzen Satzes	*Der Schmerz des Verlusts erfüllte sein Herz mit Freude.*
Parallelismus: aufeinanderfolgende Sätze oder Satzteile mit gleichem Satzbau	*Nina traf Nils im Park. Max besuchte Tatjana im Café.*
Parenthese: Einschub	*Dieses Buch – ich möchte ehrlich sein – hat mir nicht gefallen.*
Periphrase: Umschreibung eines Begriffs	*„der Gefallene" für „Sünder"*
Personifikation: Gegenständen oder abstrakten Begriffen werden menschliche Fähigkeiten / Eigenschaften zugeschrieben	*Der Wind spielte mit ihrem Haar und streichelte ihre Wange.*
Pleonasmus: Häufung sinngleicher Wörter	*Sie ist brav, nett, lieb.*
Polysyndeton: Verbindung zwischen Wörtern und Satzteilen durch mehrmalige Wiederholung derselben Konjunktion	*Und es wallet und siedet und brauset und zischt.*
Rhetorische Frage: Scheinfrage, erwartet keine Antwort	*Wer hat noch nie einen Fehler gemacht? Hast du vollkommen den Verstand verloren?*
Symbol: Sinnbild, das für Abstraktes steht	*rote Rose (für Liebe), weiße Taube (für Frieden)*
Synästhesie: Vermischung von Sinnesgebieten	*goldene Töne*
Synekdoche: Ein Teil steht für das Ganze (auch Pars pro toto) oder das Ganze steht für einen Teil (auch Totum pro parte).	*ein Dach über dem Kopf haben, eine Bibliothek lesen*
Vergleich: bildhafter Ausdruck, durch Vergleichswort (*wie, als*) mit Gemeintem verknüpft	*Sie ist leicht wie eine Feder, er ist schwer wie ein Elefant.*

Zitate richtig kennzeichnen

- Man setzt Zitate in **Anführungszeichen** („XXX“). Auch Überschriften oder Werktitel kennzeichnet man häufig mit Anführungszeichen (z. B. *Goethes Gedicht „Maifest“*).
- Textstellen, in denen **wörtliche Rede** enthalten ist, setzt man zusätzlich in **einfache Anführungszeichen**.

  Beispiel: Am Anfang der dritten Strophe heißt es: „Sie sang zu ihm, sie sprach zu ihm: ‚Was lockst du meine Brut [...]‘“ (Goethe: *Der Fischer*, V. 9 f.).
- Man kann **einzelne Wörter, Wortgruppen oder ganze Sätze** zitieren.

  Beispiel: Der Fischer sitzt am Ufer und schaut „ruhevoll“ (V. 3) nach seiner Angel. (Zitat eines einzelnen Wortes, in den Satz eingefügt)
- Zitate, die aus einem vollständigen Satz bestehen, erfordern in der Regel einen **Begleitsatz** (z. B. *Es heißt über den Fischer: „XXX“*).
- Unmittelbar nach dem Zitat fügt man eine **Zeilenangabe** hinzu, und zwar in Klammern. Bei Gedichten nennt man die Nummer des jeweiligen Verses.
- Bei Zitaten, die sich über **mehr als eine Zeile** erstrecken, erfolgt die Zeilenangabe so: Z. 6 *f.* (gemeint: Zeile 6 und die folgende Zeile) oder Z. 9 *ff.* (gemeint: Zeile 9 und die folgenden Zeilen).
- Wenn man Textstellen nur **sinngemäß**, also mit eigenen Worten, wiedergibt, stellt man der Zeilenangabe die Anmerkung **vgl.** (= vergleiche) voran (*vgl.* Z. X).
- Bei Zitaten aus einem Gedicht markiert man die **Grenze zwischen zwei Versen** mit **/**.

  Beispiel: „Wie herrlich leuchtet / Mir die Natur! / Wie glänzt die Sonne! / Wie lacht die Flur!“ (V. 1 ff., „Maifest“)
- Lange Zitate kann man auch verkürzen. **Auslassungen** kennzeichnet man so: [...].

  Beispiel: „‚Was lockst du meine Brut / **[...]** / Hinauf in Todesglut?‘“ (V. 10 ff., „Der Fischer“)

Operatoren

Anforderungsbereich I (Reproduktion)		
darstellen/ darlegen	Sie haben die Aufgabe, einen Zusammenhang, eine Entwicklung, eine methodische Entscheidung (des Autors) sachbezogen und objektiv zu formulieren.	*Stellen Sie die Wirkungsabsicht dar, die der Autor mit seinem Text verfolgt.*
skizzieren	Es kommt darauf an, ein Persönlichkeitsbild, einen Entwicklungsprozess, eine Situation usw. auf das Wesentliche begrenzt, also in groben Zügen zu vermitteln.	*Skizzieren Sie Situation und Verhalten der Figur anhand des vorliegenden Textauszugs.*
wiedergeben	Sie sollen Informationen aus dem vorliegenden Text zusammenfassend in eigenen Worten präsentieren.	*Geben Sie die Hauptgedanken der Rede wieder.*
zusammenfassen	Es wird von Ihnen erwartet, dass Sie Inhalte, Aussagen, Zusammenhänge strukturiert und komprimiert wiedergeben.	*Fassen Sie den Gang der Argumentation im vorliegenden Zeitungsartikel zusammen.*
Anforderungsbereich II (Reorganisation und Transfer)		
untersuchen, erschließen	Hier müssen Sie einen Text in Einzelheiten des Inhalts und der Form zerlegen sowie einzelne Textaspekte und Textelemente für sich und in ihrer Wechselbeziehung systematisch betrachten.	*Untersuchen Sie, inwiefern die rhetorischen Mittel die Aussageabsicht verstärken. Erschließen Sie die Motive der Figur anhand ihres Gesprächsverhaltens.*
einordnen	Einzelne Textelemente – in der Regel der vorgegebene Textauszug – werden unter Berücksichtigung ihrer Bedeutung und Funktion in einen Gesamtzusammenhang (z. B. Akt, Kapitel, Werk) gestellt.	*Ordnen Sie die vorliegende Szene in den Handlungszusammenhang des ersten Aktes ein.*

erklären	Hier müssen Sie Textaussagen und Sachverhalte in einen Begründungszusammenhang stellen und zu Schlussfolgerungen kommen.	*Erklären Sie die in dieser Stellungnahme zum Ausdruck kommende Einschätzung des Romans.*
vergleichen	Sie sollen Texte, Figuren, Sachverhalte und Problemstellungen unter vorgegebenen oder selbst gewählten Aspekten einander gegenüberstellen und Gemeinsamkeiten sowie Unterschiede feststellen.	*Untersuchen Sie in einer vergleichenden Betrachtung das Rollenverhalten von Faust in Goethes Tragödie und das von Harry Haller in Hesses Roman.*
erläutern	„Erläutern" entspricht „erklären", enthält jedoch den zusätzlichen Aspekt, dass Sie Ihre Ergebnisse durch Zusatzinformationen und Beispiele veranschaulichen und einsichtig machen sollen.	*Erläutern Sie diese Einschätzung des Romans vor dem Hintergrund Ihrer Lektüreerfahrungen.*
herausarbeiten	Hier geht es darum, Strukturen, Leitgedanken, Strategien usw. aus einem Textganzen herauszulösen und in textbezogener Vorgehensweise sowie unter Konzentration auf das Wesentliche darzustellen.	*Arbeiten Sie die rhetorische und sprachliche Gestaltung des Leitartikels heraus.*
Anforderungsbereich III (Reflexion und Problemlösung)		
beurteilen	Sie müssen zu einem Text oder zu einem Sachverhalt zu einem selbstständigen, begründeten Sachurteil gelangen, und zwar nicht gestützt auf subjektive Werte, sondern auf fachliches Wissen.	*Beurteilen Sie den Lösungsvorschlag, den der Verfasser im vorliegenden Text entwickelt.*

bewerten	Sie müssen zu einem Sachverhalt, Text oder Problem selbstständig Stellung nehmen und ihn unter Bezugnahme auf eine Wertordnung angemessen beurteilen.	*Bewerten Sie den Lösungsvorschlag des Verfassers vor dem Hintergrund Ihrer eigenen Erfahrungen mit der Problematik.*
(kritisch) Stellung nehmen	Hier geht es darum, die Einschätzung einer Problemstellung, eines Sachverhaltes, einer Wertung auf der Grundlage fachlicher Kenntnis und Einsicht nach kritischer Prüfung und Abwägung zu formulieren.	*Nehmen Sie Stellung zu der zentralen These des Autors, der zufolge Computerspiele die Gewaltbereitschaft bei Jugendlichen fördern.*
begründen	Es ist wichtig, dass Sie ein Analyseergebnis, Urteil, eine Einschätzung, eine Wertung fachlich und sachlich absichern (durch einen entsprechenden Beleg, Beispiele, Argumente).	*Nehmen Sie Stellung zum Thema „Computerspiele und Gewalt" und begründen Sie Ihre Auffassung.*
prüfen, überprüfen	Hier müssen Sie eine Auffassung, eine Argumentation, ein Ergebnis usw. auf ihre/seine Schlüssigkeit, Gültigkeit, Berechtigung hin unter Bezugnahme auf Kriterien untersuchen.	*Arbeiten Sie die Kernthesen des Autors heraus und überprüfen Sie ihre Gültigkeit.*
sich auseinandersetzen mit	Sie sollen zu einer (fachlichen) Problemstellung oder These eine Argumentation entwickeln, die zu einem begründeten und nachvollziehbaren Ergebnis führt. Es handelt sich um eine offene, auf die Breite des thematischen Spektrums ausgerichtete Form des Erörterns, die Sachverhalte skizziert, Ursachen und Folgen reflektiert.	*Setzen Sie sich mit den Schlussfolgerungen, zu denen der Autor kommt, auseinander.*

analysieren, interpretieren	Literarische Texte: Texterfassung, Textbeschreibung, Textdeutung (unter Berücksichtigung des Wechselbezuges von Textstrukturen, Funktionen und Intentionen, Erfassen zentraler strukturbildender, gattungstypischer, syntaktischer und rhetorischer Elemente und ihrer Funktionen für das Textganze), kritische Reflexion und ggf. Wertung. Sachtexte: Texterfassung, Textbeschreibung, Textuntersuchung (Zusammenhang von Textstruktur und Textintention, strukturbildende syntaktische Elemente unter Berücksichtigung der sprachlichen Funktion); Erfassen der pragmatischen Struktur des Textes unter besonderer Berücksichtigung der Argumentationsweise; Erkennen des Zusammenspiels von Struktur, Intention und Wirkung.	*Interpretieren Sie das vorliegende Gedicht.* *Interpretieren Sie beide Gedichte im Vergleich.* *Interpretieren Sie den Dialog, und achten Sie dabei insbesondere auf die szenische und sprachliche Gestaltung.* *Analysieren Sie die vorliegende Rede, und achten Sie dabei insbesondere auf Merkmale und Funktion der rhetorischen Gestaltung.* *Analysieren Sie den vorliegenden Textauszug; berücksichtigen Sie dabei insbesondere die Wirkungsstrategie des Autors.*
erörtern	Es wird von Ihnen erwartet, dass Sie eine These, eine Problemstellung oder eine Argumentation in Abwägung des Für und Wider und unter Berücksichtigung verschiedener Perspektiven überprüfen sowie ein begründetes Urteil fällen, ggf. auch Schlussfolgerungen ziehen und Lösungsperspektiven entwickeln.	*Erörtern Sie, ausgehend von der Argumentation des Verfassers, die Notwendigkeit von Sprachförderkonzepten.* *Erörtern Sie die Frage, ob Kleists Drama als Komödie oder Tragödie inszeniert werden sollte.*

Bildnachweis

Cover, S. 1, 25, 51, 75, 95: © Veronika Biber
S. 3: Scott McCloud: Der Bildhauer © Carlsen Verlag GmbH, Hamburg 2015
S. 4: ullstein bild/Zander & Labisch
S. 5: picture alliance / dieKLEINERT.de / Beate Fahrnlän | Beate Fahrnländer
S. 6: © Smileus/AdobeStock.com
S. 8: © OlyaOk /AdobeStock.com
S. 15: Peter Horree / Alamy Stock Foto
S. 18: © eSchmidt /AdobeStock.com
S. 20: Daniel Taeger. Shutterstock
S. 22: goethezeitportal.de
S. 26: Panptys. Shutterstock
S. 27: Meylaender, Nicolas und Boller, David: "Die Legende von Wilhelm Tell: Eine Graphic Novel nach Friedrich Schiller" (2016)
S. 35: https://de.wikipedia.org/wiki/Friedrich_Schiller#/media/Datei:Anton_Graff_-_Friedrich_Schiller.jpg
S. 39: dani3315. Shutterstock
S. 42: ullstein bild - ullstein bild
S. 43: Foto: Philipp Ottendörfer/Theater Bielefeld
S. 53: Pavlo Syvak/123RF
S. 61: robodread. Shutterstock
S. 64: Nina Kissell / Alamy Stock Foto
S. 67: http://www.zeno.org/Literatur/M/Rilke,+Rainer+Maria
S. 69: picture-alliance / dpa | Erwin Elsner
S. 70: Lichtquelle. Shutterstock
S. 76: © 2014 Jiro Taniguchi/Editions Louis Vuitton
S. 78: © Mattiaath|Dreamstime.com
S. 81: Serhii Ivashchuk/Shutterstock
S. 83 (Zeitung): DONOT6_STUDIO. Shutterstock
S. 83 (Schere): StudioIcon. Shutterstock
S. 93: Jochen Tack / Alamy Stock Foto
S. 98: C. Schüßler/AdobeStock
S. 109: © Brian Jackson/123rf
S. 110: Mikkel Bigandt. Shutterstock
S. 115: Titov Nikolai. Shutterstock

Weitere Textnachweise

S. 3: Erich Fried, https://www.zitate-online.de/literaturzitate/allgemein/976/fuer-die-welt-bist-du-irgendjemand-aber-fuer.htm, 14.10.2020
S. 3: Albert Einstein, https://www.aphorismen.de/zitat/212811
S. 3: Adelbert von Chamisso, https://www.aphorismen.de/zitat/149574
S. 3: Ingrid Bergmann, https://gutezitate.com/zitat/156373
S. 3: Johann Wolfgang von Goethe, https://gutezitate.com/zitat/255669
S. 27: https://www.aphorismen.de/zitat/63109
S. 27: https://www.aphorismen.de/zitat/168813
S. 27: Rudolf G. Binding/https://www.aphorismen.de/zitat/161753
S. 27: https://www.aphorismen.de/zitat/3502
S. 27: https://www.aphorismen.de/zitat/160788
S. 113: Otto von Bismarck: https://beruhmte-zitate.de/zitate/1951298-otto-von-bismarck-es-wird-niemals-so-viel-gelogen-wie-vor-der-wahl/
S. 113: Charlotte Roche, https://www.myzitate.de/charlotte-roche/
S. 113: Martin Luther, https://gutezitate.com/zitat/186947
S. 113: Jean Cocteau, https://www.gutzitiert.de/zitat_autor_jean_cocteau_thema_luege_zitat_14260.html

PRÜFUNGS-ANGST

STOPP DIE PANIK

Mit der Fußsohlen-Methode

Prüfungen können Angst- und Fluchtsituationen sein. Dein Körper schüttet Adrenalin aus und dämpft das Gefühl in den Füßen. Z. B. beim Weglaufen ist es gut, wenn man die Füße nicht spürt. Eine Prüfung ist aber **keine Gefahrensituation**. Signalisiere deinem Körper, dass du nicht weglaufen musst, und bring das Gefühl in deine Füße zurück:

Setze oder stelle dich hin.
Die Füße müssen den **Boden** berühren.

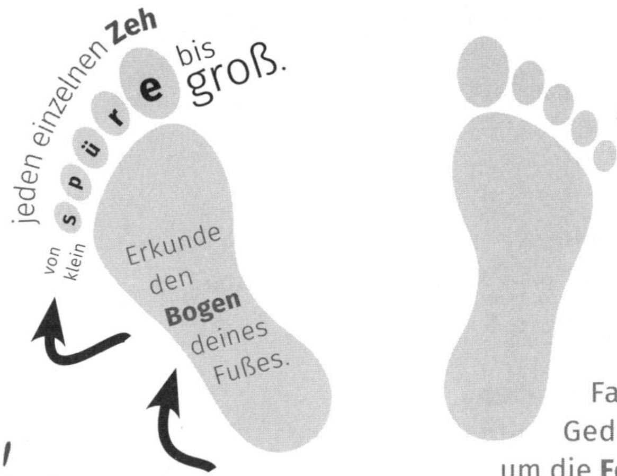

Schließe jetzt deine Augen und **denke** dich in deine Füße hinein.

Fahre in Gedanken um die **Fersen**.

Spüre den **Druck** auf dem Boden.

Dein Körper **fühlt** die Füße wieder und denkt, er sei in keiner Panik-Situation, sondern in **Sicherheit**.